内容简介

本示范培训教材依据财政部最新颁布的《农民专业合作社财务会计制度》《村集体经济组织会计制度》和其他相关的农村政策，根据新型职业农民培育目标组织编写。本教材以农民专业合作社财务会计实务为主要体系，并以“加油站”的形式将村集体经济组织财务会计与农民专业合作社财务会计不相同的核算内容，补充到各个项目，展现了两种组织形式的财务会计核算内容。本教材包括建账与记账，会计凭证，资产的核算，负债及所有者权益的核算，生产成本的核算，收入、费用和盈余（收益）的核算以及会计报表的编制7个项目。

为了强化学员的动手操作能力，本教材还配备了《农民专业合作社会计实务同步技能训练》配套教材。

本培训教材可作为新型职业农民的培育用书，也可作为各类中等职业学校财会类专业教学用书。

新型职业农民示范培训教材

农民专业合作社会计实务

王玉华　贾晓娟◎主编

中国农业出版社

图书在版编目（CIP）数据

农民专业合作社会计实务 / 王玉华，贾晓娟主编
. —北京：中国农业出版社，2017.8（2020.11重印）
新型职业农民示范培训教材
ISBN 978-7-109-23025-5

Ⅰ.①农… Ⅱ.①王… ②贾… Ⅲ.①农业合作社-专业合作社-会计实务-中国-技术培训-教材
Ⅳ.①F302.6

中国版本图书馆 CIP 数据核字（2017）第 136501 号

中国农业出版社出版
（北京市朝阳区麦子店街 18 号楼）
（邮政编码 100125）
责任编辑 郭晨茜 诸复祈

北京通州皇家印刷厂印刷 新华书店北京发行所发行
2017 年 8 月第 1 版 2020 年11月北京第 3 次印刷

开本：787mm×1092mm 1/16 印张：12.5
字数：282 千字
定价：35.50 元

新型职业农民示范培训教材

编审委员会

本册编写人员

主　编　王玉华　贾晓娟

副主编　赵　敏　安国锋　赵英艳

编　者　王玉华　贾晓娟　赵　敏　安国锋　赵英艳
岳　辉　王云焱　陈巍巍

出版说明

发展现代农业，已成为农业增效、农村发展和农民增收的关键。提高广大农民的整体素质，培养造就新一代有文化、懂技术、会经营的新型职业农民刻不容缓。没有新农民，就没有新农村；没有农民素质的现代化，就没有农业和农村的现代化。因此，编写一套融合现代农业技术和社会主义新农村建设的新型职业农民示范培训教材迫在眉睫，意义重大。

为配合《农业部办公厅　财政部办公厅关于做好新型职业农民培育工作的通知》，按照“科教兴农、人才强农、新型职业农民固农”的战略要求，以造就高素质新型农业经营主体为目标，以服务现代农业产业发展和促进农业从业者职业化为导向，着力培养一大批有文化、懂技术、会经营的新型职业农民，为农业现代化提供强有力的人才保障和智力支撑，中国农业出版社组织了一批一线专家、教授和科技工作者编写了“新型职业农民示范培训教材”丛书，作为广大新型职业农民的示范培训教材，为农民朋友提供科学、先进、实用、简易的致富新技术。

本系列教材共有 29 个分册，分两个体系，即现代农业技术体系和社会主义新农村建设体系。在编写中充分体现现代教育培训“五个对接”的理念，主要采用“单元归类、项目引领、任务驱动”的结构模式，设定“学习目标、知识准备、任务实施、能力转化”等环节，由浅入深，循序渐进，直观易懂，科学实用，可操作性强。

我们相信，本系列培训教材的出版发行，能为新型职业农民培养及现代农业技术的推广与应用积累一些可供借鉴的经验。

因编写时间仓促，不足或错漏在所难免，恳请读者批评指正，以资修订，我们将不胜感激。

2017-06-20

目　录

出版说明

项目一　建账与记账

项目二　会计凭证

项目三　资产的核算

项目四　负债及所有者权益的核算

项目五　生产成本的核算

项目六　收入、费用和盈余（收益）的核算

项目七　会计报表的编制

项目一

建账与记账

任务一　建账
任务二　记账

【项目目标】

1. 学会建账。

2. 学会登记账簿。

任务一　建　账

学习目标

1. 明确建账时应购置的账簿；
2. 学会填写“账簿使用登记表”；
3. 学会建立总账、日记账、明细账。

知识储备

一、建账的步骤

新建单位和原有单位在年度开始时，会计人员均应根据核算工作的需要设置账簿，即平常所说的建账。建账一般包括以下三步：

（一）账簿的购置

一般来说，以下几类账簿是必须具备的：

1. 现金日记账和银行存款日记账

任何一个单位都会发生货币资金的收付业务，因此任何单位都必须设置现金日记账和银行存款日记账。

2. 总分类账账簿

农民专业合作社或村集体经济组织应购买一本总分类账，根据经济业务涉及的会计科目设置总账。原则上，只要经济业务涉及的会计科目就要有相应的总账账簿（账页）与之相对应。

3. 明细分类账簿

明细分类账是根据单位的管理需要以及对外部提供信息资料的需要来购置的。一般而言，可购买三栏式明细账、多栏式明细账和数量金额式明细账。

（二）账簿的启用

农民专业合作社或村集体经济组织在启用会计账簿时，应符合下列要求：

1. 启用新账簿时的要求

启用新账时，应该填写账簿扉页上的“账簿使用登记表”（活页账和卡片账在装订时填写）。“账簿使用登记表”的格式见表 1-1-1：

◎表 1－1－1◎

账簿使用登记表

<table>
<tr><td>单位名称</td><td colspan="3"></td><td rowspan="5">印花粘贴处</td></tr>
<tr><td>账簿名称</td><td colspan="3"></td></tr>
<tr><td>起讫页次</td><td colspan="3">自　页起至　页止共　页</td></tr>
<tr><td>启用日期</td><td colspan="3">年　月　日</td></tr>
<tr><td>停用日期</td><td colspan="3">年　月　日</td></tr>
<tr><td>经管人员姓名</td><td>接 管 日 期</td><td>交 出 日 期</td><td>经管人员盖章</td><td>会计主管人员盖章</td></tr>
<tr><td></td><td>年　月　日</td><td>年　月　日</td><td></td><td></td></tr>
<tr><td></td><td>年　月　日</td><td>年　月　日</td><td></td><td></td></tr>
<tr><td></td><td>年　月　日</td><td>年　月　日</td><td></td><td></td></tr>
<tr><td></td><td>年　月　日</td><td>年　月　日</td><td></td><td></td></tr>
<tr><td></td><td>年　月　日</td><td>年　月　日</td><td></td><td></td></tr>
<tr><td rowspan="2">备考</td><td colspan="2" rowspan="2"></td><td colspan="2">单 位 公 章</td></tr>
<tr><td colspan="2"></td></tr>
</table>

2. 会计人员更换时的要求

由于工作需要，更换会计人员时应该在会计主管人员的监督下办理交接手续，在表内注明交接日期、交接人员姓名（或签章）以明确经济责任。在年度中更换会计人员时，接办人员不得另立一套账簿。

（三）开设账页

按照会计科目表的顺序、名称和农民专业合作社的实际需要，在总账账页上建立总账账户。就是将账户名称、页次登入账簿的目录中，并粘贴索引纸（账户标签），写明账户名称，以利检索。例如总账账页从第 1 页至第 6 页登记现金业务，就在目录中注明“库存现金 1～6”，并且在总账的第 1 页贴上口取纸，口取纸上写明“库存现金”；第 7 页至第 12 页登记银行存款业务，就在目录中注明“银行存款 7～12”且在总账的第 7 页贴上口取纸，口取纸上写明“银行存款”，以此类推，总账就建好了。

> **提示**　一般情况下，建账日期应以单位成立日期为准，即营业执照签发日或营业执照变更日为准。实际工作中，一般以单位成立的下月月初作为建账基准日。

二、设置账簿的原则

每个单位都必须根据《中华人民共和国会计法》和国家统一会计制度的规定设置账簿，包括总账、明细账、日记账和其他辅助账簿，不允许在法定的会计账簿之外另外建账。

知识链接

《中华人民共和国会计法》有关账簿的规定

（1）各单位必须依法设置会计账簿，并保证其真实完整。

（2）各单位发生的各项经济业务事项应当在依法设置的会计账簿上统一登记、核算，不得违反本法和国家统一会计制度的规定，私设会计账簿登记、核算。

1. 建立总账的原则

总账是根据一级会计科目（或称总账科目）开设的账簿，用来登记单位全部的经济业务，提供全部资产、负债、所有者权益、收入、费用和盈余的总括核算资料。

（1）总账科目应与国家统一会计制度规定的会计科目名称一致。

（2）总账的格式一般采用三栏式。

（3）总账的外表形式必须采用订本账。

2. 建立明细账的原则

（1）明细科目的名称应根据会计制度的规定和单位管理的需要设置。

（2）根据管理的需要选择明细账的格式。

（3）明细账的外表格式一般采用活页账。

3. 建立日记账的原则

（1）现金日记账和银行存款日记账的账页格式一般采用三栏式。

（2）日记账的外表形式必须采用订本账。

4. 建立备查账的原则

（1）备查账应根据会计制度的规定和单位管理的需要建立。

（2）备查账的格式由单位自行确定。

任务二 记 账

学习目标

1. 学会登记现金日记账和银行存款日记账；
2. 学会总账和明细账的登记方法；
3. 学会账页的结转；
4. 学会错账的更正方法；
5. 学会结账的方法。

知识储备

一、登记账簿的规则

记账就是登记账簿。登记账簿的规则如下：

（1）根据审核无误的会计凭证登记账簿。登记会计账簿时，应当将会计凭证日期、编号、业务内容摘要、金额和其他有关资料逐项记入账簿中，做到摘要清楚、数字准确、登记及时、字迹工整。每一会计事项一方面要记入有关的总账，另一方面也要记入有关的明细账。账簿中记录的日期应该填写记账凭证上的日期。

（2）账簿登记完毕后，要在记账凭证上签名或盖章，并在记账凭证的“过账”栏内注明账簿页数或画对勾，注明已经登记入账，避免重记、漏记。

（3）账簿中书写的文字和数字，上面要留有适当的空格，不要写满格，一般应占格距的1/2。这样一旦发生登记错误，能比较容易地进行更正，同时也方便查账工作。

（4）为了保持账簿记录的持久性，防止涂改，登记账簿必须使用蓝黑墨水或碳素墨水笔书写，不得使用圆珠笔或者铅笔书写。

（5）红笔一般在根据红字冲账的记账凭证冲销错误记录等情况下使用。

提示 会计中的红字表示负数。

（6）在登记各种账簿时，应按页次顺序连续登记，不得隔页、跳行。如无意发生隔页、跳行情况时，应在空页、空行处用红笔画对角线注销，或者注明“此页空白”或“此行空白”字样。并由记账人员签名或盖章。

（7）凡需要结出余额的账户，结出余额后，应当在“借或贷”栏目内注明余额方向；对于没有余额的账户，应在借或贷栏内写“平”，并在余额栏内写“0”。现金日记账和银行存款日记账必须逐日结出余额。

(8) 每一账页登记完毕结转下页时，应当结出本页合计数及余额，写在本页最后一行，和下一页第一行有关栏内，并在摘要栏内注明“过次页”和“承前页”字样，以保持账簿记录的连续性。便于对账和结账。

(9) 账簿记录发生错误时，不得刮、擦、挖、补，随意涂改或用褪色药水更改字迹，应该根据错误的情况按规定的方法更正。

二、现金日记账的格式和登记方法

现金日记账是用来核算和监督库存现金每天的收入、支出和结存情况的账簿，其格式一般为三栏式。其外表形式必须是订本账。

(一) 现金日记账的格式

三栏式现金日记账设借方、贷方和余额三个基本金额栏，一般将其分别称为收入、支出和结余三个基本栏目。在金额栏与摘要栏之间常常插入“对方科目”一栏，以便记账时标明现金收入的来源科目和现金支出的用途科目。三栏式现金日记账的格式见账 1-2-1：

◎账 1-2-1◎

现金日记账

××年		凭证编号	摘要	对方科目	借方										贷方										借或贷	余额									
月	日				千	百	十	万	千	百	十	元	角	分	千	百	十	万	千	百	十	元	角	分		千	百	十	万	千	百	十	元	角	分

(二) 现金日记账的登记方法

现金日记账是由出纳员根据与现金收付有关的记账凭证按时间顺序逐日逐笔进行登记，并根据“上日余额+本日收入（借方）-本日支出（贷方）=本日余额”的公式逐日结出现金的余额，并与库存现金的实存数核对，以检查每日现金收付是否有误。其登记方法如下：

- 第一，日期栏　是指记账凭证的日期，一般与现金的实际收付日期相一致。

● 第二，凭证编号栏　是指据登记入账的会计凭证的编号。目的是便于日后查账和核对。

● 第三，摘要栏　摘要是说明登记入账的经济业务的内容，要求文字简练但要能说明问题。

● 第四，对方科目栏　是指现金收入来源对应的会计科目或支出用途对应的会计科目。

● 第五，借方栏、贷方栏　是用来记录现金实际收付的金额。

● 第六，借或贷栏　用来记录现金余额方向。

● 第七，余额栏　是每日计算出的库存现金余额。

（三）现金日记账的登记要求

1. 根据审核无误的记账凭证登记

出纳员在办理现金收付业务时，必须对记账凭证进行复核，并以经过复核无误的会计凭证及所附的原始凭证作为登记现金日记账的依据。

2. 所记载的内容必须与会计凭证内容相一致

出纳员在登记日期、编号、摘要、金额及对应科目等内容时，应逐项进行登记。为方便日后查对，现金日记账应逐笔分行记录，不得将收款业务或付款业务合并登记，也不得将收款付款业务相抵后按差额登记。登记完毕应当逐项复核无误后，在记账凭证上的“记账”一栏做出过账符号“V”，表示已经登记入账，见证 1-2-1：

◎证 1-2-1◎

记　账　凭　证

20××年6月4日　　　　记字第　　号

摘要	总账科目	明细科目	借方金额										贷方金额										记账
			千	百	十	万	千	百	十	元	角	分	千	百	十	万	千	百	十	元	角	分	
提取现金	库存现金						3	0	0	0	0	0											V
	银行存款																3	0	0	0	0	0	V
合　计						¥	3	0	0	0	0	0				¥	3	0	0	0	0	0	

附单据 1 张

会计主管　　记账　　稽核　　出纳　　制单

3. 必须连续登记，不得跳行、隔页，不得随便更换账簿和撕去账页

4. 文字和数字必须整洁清晰、准确无误

现金日记账的记录要准确，记录时如果金额是没有角、分的整数，为了规范和准确也应在角、分栏内写“0”，不得省略不写。

5. 每一账页记录完毕后，必须按规定转页

转页操作见账 1－2－2：

◎账 1－2－2◎

现金日记账

××年		凭证编号	摘要	对方科目	借方（千百十万千百十元角分）	贷方（千百十万千百十元角分）	借或贷	余额（千百十万千百十元角分）
月	日							
6	15		承前页		568000	612000	借	120000
6	16	25	购买办公用品	管理费用		23000	借	97000
6	18	26	购买农药	产品物资		85000	借	12000
			…	…				
			王凯借差旅费	成员往来		80000		
7	6	4	提取现金	银行存款	100000		借	180000
			过次页		456000	515000	借	180000

6. 现金日记账必须日清、月结

每日终了，应结出现金日记账余额，并与出纳员保管的库存现金相核对，即通常所说的“日清”，如账款不符应查明原因，并记录备案。月末同样要计算现金收、付和结存的合计数，通常称为“月结”。

三、银行存款日记账的格式与登记

银行存款日记账是用来核算和监督银行存款每日的收入、支出和结余情况的账簿。银行存款日记账应按农民专业合作社或村集体经济组织在银行开立的账户设置，每个银行账户设置一本日记账。由出纳员根据与银行存款收付有关的记账凭证，按时间顺序逐日逐笔进行登记。银行存款日记账的格式和登记方法、登记要求与现金日记账基本相同。

四、总分类账的格式与登记

1. 总分类账的格式

总分类账简称总账，是按照总分类账户分类登记，以提供总括会计信息的账簿。总账中的账页是按总账科目开设的总分类账户。总分类账最常用的格式为三栏式，设置借方、贷方和余额三个基本栏目，见账 1－2－3：

◎账 1－2－3◎

总　　账

账户名称：　　　　　　　　　　　　　　　　　　　　　　页码：

年		凭证编号	摘　要	借　方									贷　方									借或贷	余　额								
月	日			千	百	十	万	千	百	十	元	角	分	千	百	十	万	千	百	十	元	角	分		千	百	十	万	千	百	十	元	角	分

2. 总分类账的登记方法

总分类账可以根据记账凭证逐笔登记，也可以根据科目汇总表等登记。

根据记账凭证逐笔登记总账的方法见账 1－2－4：

◎账 1－2－4◎

总　　账

账户名称：产品物资　　　　　　　　　　　　　　　　　　　页码：12

××年		凭证编号	摘　要	借　方									贷　方									借或贷	余　额								
月	日			千	百	十	万	千	百	十	元	角	分	千	百	十	万	千	百	十	元	角	分		千	百	十	万	千	百	十	元	角	分
5	6	2	购买种子					6	0	0	0	0	0																				
	10	6	领用种子															4	0	0	0	0	0										
	12	9	领用种子															2	0	0	0	0	0										
	15	13	购买种子					4	0	0	0	0	0																				
			…																														

根据科目汇总表登记的方法见账 1－2－5：

◎账 1-2-5◎

总　账

账户名称：产品物资　　　　　　　　　　　　　　　　　　　　页码：12

××年		凭证编号	摘　要	借方										贷方										借或贷	余额									
月	日			千	百	十	万	千	百	十	元	角	分	千	百	十	万	千	百	十	元	角	分		千	百	十	万	千	百	十	元	角	分
5	15		1~15日汇总表					9	2	0	0	0	0					7	8	0	0	0	0											
	31		16~31日汇总表					6	5	0	0	0	0					6	1	0	0	0	0											

五、明细账的格式与登记

（一）明细分类账的格式

明细分类账是根据明细账户开设账页，分类、连续地登记经济业务以提供详细核实资料的账簿。它对总分类账起补充说明作用，它所提供的资料也是编制会计报表的重要依据。

1. 三栏式明细账

三栏式明细账设有借方、贷方和余额三个栏目，用以分类核算各项经济业务，提供详细具体核算资料的账簿，其格式与三栏式总账格式相同。三栏式明细账适用于只进行金额核算的明细账户，如应收款、成员往来、短期借款、应付款等往来结算账户。三栏式明细账的格式见账 1-2-6：

◎账 1-2-6◎

明　细　账

账户名称：　　　　　　　　明细账户：　　　　　　　　　　　　页码：

年		凭证编号	摘　要	借方										贷方										借或贷	余额									
月	日			千	百	十	万	千	百	十	元	角	分	千	百	十	万	千	百	十	元	角	分		千	百	十	万	千	百	十	元	角	分

2. 多栏式明细账

多栏式明细分类账是将属于同一个总账科目的各个明细科目合并在一张账页上进行登记，即在这种格式账页的借方或贷方金额栏内按照明细项目设若干专栏。多栏式明细账适用于成本费用类科目的明细核算。如生产成本、经营收入、经营支出、管理费用等账户。多栏式明细账的格式见账 1-2-7：

◎账 1－2－7◎

明 细 账

年		凭证编号	摘要	明细科目																																																	合计							
月	日			万	千	百	十	元	角	分	万	千	百	十	元	角	分	万	千	百	十	元	角	分	万	千	百	十	元	角	分	万	千	百	十	元	角	分	万	千	百	十	元	角	分	万	千	百	十	元	角	分	十	万	千	百	十	元	角	分

3. 数量金额式明细账

数量金额式明细账的借方（收入）、贷方（发出）和余额（结存）栏都分别设有数量、单价和金额三个专栏。该明细账适用于既要进行金额核算又要进行数量核算的账户，如产品物资账户。数量金额式明细账的格式见账 1－2－8：

◎账 1－2－8◎

产品物资明细账

产品物资名称　　　　　计量单位：　　　　　存放地点：　　　　　页码：

年		凭证编号	摘要	收入											发出											结存										
月	日			数量	单价	金额									数量	单价	金额									数量	单价	金额								
						百	十	万	千	百	十	元	角	分			百	十	万	千	百	十	元	角	分			百	十	万	千	百	十	元	角	分

（二）明细分类账的登记方法

明细分类账的登记通常有两种方法：一是根据原始凭证直接登记明细账；二是根据记账凭证登记明细账。

反映不同类型经济业务的明细账，可根据管理需要，依据会计凭证逐日逐笔登记或定期汇总登记。

（1）固定资产、债权、债务等明细账应逐日逐笔登记。

（2）产品物资等明细账以及收入、费用明细账可以逐笔登记，也可以定期汇总登记。

六、错账的更正方法

如果账簿记录发生错误，必须按规定方法予以更正，不准涂改、挖补、刮擦或者用药水消除字迹，不准重新抄录。错账的更正方法主要有画线更正法、红字更正法和补充登记法。

（一）画线更正法

画线更正法又称红线更正法。在结账前发现账簿记录有文字或数字错误，而记账凭证没有错误，可以采用画线更正法。更正时，可以在错误的文字或数字上画一条红线，在红线的上方写上正确的文字或数字，并由记账及相关人员在更正处盖章。对错误的数字，应全部画红线更正，不得只更正其中的错误数字；对于文字错误，可只画去错误部分。

【例 1－2－1】

某会计凭证中正确的金额为 2 300 元，在登记账簿时误记为 3 200 元。

更正的方法为：不能只划掉其中的“32”，并改为“23”；而是应当把“3 200”全部用红线划掉，在其上方写上正确的数字“2 300”。即

2 300

~~3 200~~

（二）红字更正法

红字更正法是指用红字冲销原有错误的账户记录或凭证记录，以更正或调整账簿记录的一种方法。一般有以下两种情况：

1. 记账后在当年内发现记账凭证所记的会计科目错误，可以采用红字更正法

更正的方法是：记账凭证会计科目错误时，用红字填写一张与原记账凭证完全相同的记账凭证，以示注销原记账凭证，然后用蓝字或黑字填写一张正确的记账凭证，并据以记账。

【例 1－2－2】

合作社成员王江向合作社借款 500 元。在填制记账凭证时，误记应收款账户，并已据以登记入账。

原编制的记账凭证，见证 1－2－2：

◎证 1－2－2◎

记 账 凭 证

20××年 8月 4日　　　　记字第 002 号

摘　要	总账科目	明细科目	借方金额										贷方金额										记账
			千	百	十	万	千	百	十	元	角	分	千	百	十	万	千	百	十	元	角	分	
付王江借款	应收款	王江						5	0	0	0	0											
	库存现金																	5	0	0	0	0	
合　计							¥	5	0	0	0	0					¥	5	0	0	0	0	

附单据 1 张

会计主管　　记账　　稽核　　出纳　　制单 李娜

发现错误后，用红字编制一张和错误凭证相同的记账凭证，见证 1－2－3：

◎证 1－2－3◎

记 账 凭 证

20××年 8月 4日　　　　　　　　　　记字第　　号

摘要	总账科目	明细科目	借方金额										贷方金额										记账
			千	百	十	万	千	百	十	元	角	分	千	百	十	万	千	百	十	元	角	分	
冲销 002 号凭证	应收款	王江						5	0	0	0	0											
	库存现金																	5	0	0	0	0	
合　计							¥	5	0	0	0	0					¥	5	0	0	0	0	

附单据　张

会计主管　　　记账　　　稽核　　　出纳　　　制单 李娜

同时用蓝字或黑字编制一张正确的会计凭证，见证 1－2－4：

◎证 1－2－4◎

记 账 凭 证

20××年 8月 6日　　　　　　　　　　记字第　　号

摘要	总账科目	明细科目	借方金额										贷方金额										记账
			千	百	十	万	千	百	十	元	角	分	千	百	十	万	千	百	十	元	角	分	
更正 002 号凭证	成员往来	王江						5	0	0	0	0											
	库存现金																	5	0	0	0	0	
合　计							¥	5	0	0	0	0					¥	5	0	0	0	0	

附单据　张

会计主管　　　记账　　　稽核　　　出纳　　　制单 李娜

2. 会计科目无误，所记金额大于应记金额，从而引起记账错误，可以采用红字更正法

更正的方法是：按多记金额用红字编制一张与原记账凭证应借、应贷科目完全相同的记账凭证，以冲销多记金额，并据以记账。

【例 1-2-3】

5 月末开始摊销成龄马的成本，此时马成本为 8 500 元，预计使用 5 年，预计净残值率为 5%。月摊销额 134.58 元。编制记账凭证，见证 1-2-5：

◎证 1-2-5◎

记 账 凭 证

20××年 5 月 31 日　　　　记字第 003 号

摘要	总账科目	明细科目	借方金额										贷方金额										记账
			千	百	十	万	千	百	十	元	角	分	千	百	十	万	千	百	十	元	角	分	
摊销成龄马成本	经营支出							1	4	3	5	8											
	牲畜（禽）资产	产役畜（马）																1	4	3	5	8	
合　计							¥	1	4	3	5	8					¥	1	4	3	5	8	

附单据 1 张

会计主管　　记账　　稽核　　出纳　　制单 李娜

记账后发现上述记账凭证中多记金额 9 元，更正错误时，应用红笔按差额编制一张记账凭证，见证 1-2-6：

◎证 1-2-6◎

记 账 凭 证

20××年 8 月 4 日　　　　记字第　　号

摘要	总账科目	明细科目	借方金额										贷方金额										记账
			千	百	十	万	千	百	十	元	角	分	千	百	十	万	千	百	十	元	角	分	
更正 003	经营支出									9	0	0											
	牲畜（禽）资产	产役畜（马）																		9	0	0	
合　计									¥	9	0	0							¥	9	0	0	

附单据　张

会计主管　　记账　　稽核　　出纳　　制单 李娜

（三）补充登记法

补充登记法是在记账后发现记账凭证填写的会计科目无误，只是所记金额小于应记金额时所采用的一种更正方法。

具体的更正方法是：按少记金额用蓝字或黑字编制一张与原记账凭证应借、应贷科目完全相同的记账凭证，以补充少记金额，并据以记账。

【例 1-2-4】

星星农民专业合作社出纳员购买办公用计算器一个，账簿 2 本，支付现金 120 元。该业务发生时取得普通发票一张，见证 1-2-7：

◎证 1-2-7◎

发　票　联

客户名称：星星农民专业合作社　　　　20××年 5 月 8 日

品名规格	单位	单价	数量	金额						
				万	千	百	十	元	角	分
计算器	个	100.00	1			1	0	0	0	0
账簿	本	10.00	2				2	0	0	0
合　计					¥	1	2	0	0	0
金额合计（大写）	万　仟 壹 佰 贰 拾 零 元 零 角 零 分									

销货单位盖章：　　　　收款人：　　　　开票人：

根据这张原始凭证，会计人员编制记账凭证，见证 1-2-8：

◎证 1-2-8◎

记　账　凭　证

20××年 8 月 4 日　　　　记字第 015 号

摘　要	总账科目	明细科目	借方金额										贷方金额										记账
			千	百	十	万	千	百	十	元	角	分	千	百	十	万	千	百	十	元	角	分	
购买办公用品	管理费用	办公费						1	0	0	0	0											
	库存现金																	1	0	0	0	0	
合　计							¥	1	0	0	0	0					¥	1	0	0	0	0	

附单据 1 张

会计主管　　　记账　　　稽核　　　出纳　　　制单 李娜

在记账后发现该记账凭证的金额少记 20 元，这时应采用补充登记法进行更正，编制记账凭证，见证 1-2-9：

◎证 1-2-9◎

记　账　凭　证

20××年 8 月 4 日　　　　　　　　记字第 016 号

摘要	总账科目	明细科目	借方金额										贷方金额										记账
			千	百	十	万	千	百	十	元	角	分	千	百	十	万	千	百	十	元	角	分	
补充 15 号凭证	管理费用	办公费							2	0	0	0											
	库存现金																		2	0	0	0	
合　计								¥	2	0	0	0						¥	2	0	0	0	

附单据 0 张

会计主管　　记账　　稽核　　出纳　　制单 李娜

七、结账

（一）结账的概念

结账是一项将账簿记录定期结算清楚的账务工作，就是在会计期末（月末、季末、年末）将本期内所有发生的经济业务全部登记入账后，计算各账户本期发生额和期末余额。

结账的内容通常包括两个方面：

（1）结清损益类账户，计算本期发生额和本期盈余。

（2）结清资产、负债和所有者权益类账户，计算本期发生额和期末余额。

（二）结账的方法

在结账前必须将本期所有的经济业务全部登记入账，并保证其正确性。而且要将损益类账户转入“本年盈余”账户。

1. 月份结账

在当月最后一笔经济业务下面的摘要栏内，注明“本月合计”字样，并在下面画一条通栏单红线，计算出各账户的本期发生额和月末余额。总账的结账方法见账 1-2-9：

◎账 1－2－9◎

总　　账

账户名称：产品物资　　　　　　页码：12

××年		凭证编号	摘　要	借方										贷方										借或贷	余额									
月	日			千	百	十	万	千	百	十	元	角	分	千	百	十	万	千	百	十	元	角	分		千	百	十	万	千	百	十	元	角	分
5	15		1~15日汇总表					9	2	0	0	0	0					7	8	0	0	0	0											
	31		16~31日汇总表					6	5	0	0	0	0					6	1	0	0	0	0											
	31		本月合计				1	5	7	0	0	0	0				1	3	9	0	0	0	0	借					1	8	0	0	0	0

2. 年末结账

在12月份的“本月合计”下面，摘要栏注明“本年累计”字样，并计算各账户本年累计发生额和年末余额，并在下面画双红线。年末结账的方法见账1－2－10：

◎账 1－2－10◎

总　　账

账户名称：产品物资　　　　　　页码：15

××年		凭证编号	摘　要	借方										贷方										借或贷	余额									
月	日			千	百	十	万	千	百	十	元	角	分	千	百	十	万	千	百	十	元	角	分		千	百	十	万	千	百	十	元	角	分
			…																															
12	31		本月合计				1	8	2	0	0	0	0				1	6	9	0	0	0	0	借					3	2	0	0	0	0
12	31		本年累计			1	7	6	0	0	0	0	0				1	6	6	0	0	0	0	借					3	2	0	0	0	0

3. 年度终了结账

年度终了结账后，有余额的账户，将余额直接记入新账“余额栏”内即可，在摘要栏注明“年初余额”，不需要将本年有余额的账户的余额变为零。余额应当如实地在账户中加以反映，目的是区分有余额的账户和无余额的账户。账簿的登记方法见账1－2－11：

◎账 1－2－11◎

总　账

账户名称：产品物资　　　　　　　　　　　　　　　　　　　　　　　　　　页码：15

××年		凭证编号	摘要	借方										贷方										借或贷	余额									
月	日			千	百	十	万	千	百	十	元	角	分	千	百	十	万	千	百	十	元	角	分		千	百	十	万	千	百	十	元	角	分
			…																															
12	31		本月合计				1	8	2	0	0	0	0				1	6	9	0	0	0	0	借					3	2	0	0	0	0
12	31		本年累计			1	7	6	0	0	0	0	0				1	6	6	0	0	0	0	借					3	2	0	0	0	0

下年开设新账的登记方法见账 1－2－12：

◎账 1－2－12◎

总　账

账户名称：产品物资　　　　　　　　　　　　　　　　　　　　　　　　　　页码：12

××年		凭证编号	摘要	借方										贷方										借或贷	余额									
月	日			千	百	十	万	千	百	十	元	角	分	千	百	十	万	千	百	十	元	角	分		千	百	十	万	千	百	十	元	角	分
1	1		年初余额																					借					3	2	0	0	0	0

项目二

会计凭证

任务一　填制和审核原始凭证
任务二　填制和审核记账凭证

农村经济

【项目目标】

1. 学会填制和审核原始凭证。
2. 学会编制和审核记账凭证。

任务一　填制和审核原始凭证

学习目标

1. 学会根据不同经济业务填制不同的原始凭证；
2. 学会审核并正确处理原始凭证。

知识储备

一、原始凭证的种类

原始凭证又称单据，是指经济业务发生或完成时取得或填制的用以记录或证明经济业务发生或完成情况、明确经济责任的凭证。

原始凭证按取得的来源不同分为自制原始凭证和外来原始凭证。

（一）自制原始凭证

自制原始凭证是指由本单位内部经办业务的部门或人员在执行或完成某项经济业务时自行填制的凭证。如入库单、农业资产的摊销计算表、工资结算表等，见证 2－1－1：

◎证 2－1－1◎

入　库　单

年　　月　　日

产品物资名　称	计量单位	数　量		单 价	金 额
		应 收	实 收		
合　计					

发料人　　　　审批人　　　　领料人　　　　记账人

（二）外来原始凭证

外来原始凭证是指在经济业务发生或完成时，从其他单位或个人直接取得的原始凭证。如购买种子、化肥等取得的发票、向银行贷款的借据等，见证 2－1－2：

◎证2-1-2◎

发 票 联

客户名称：宏强农民专业合作社　　20××年5月8日

品名规格	单位	单价	数量	金额						
				万	千	百	十	元	角	分
计算器	个	100.00	1			1	0	0	0	0
账簿	本	10.00	2				2	0	0	0
合 计					¥	1	2	0	0	0
金额合计（大写）	万 仟 壹 佰 贰 拾 零 元 零 角 零 分									

销货单位盖章　　记账　　收款 曲岩

二、原始凭证的填制

（一）原始凭证的基本内容

实际工作中，由于经济业务的内容和经济管理的要求不同，原始凭证的名称、格式和内容各不相同。但是，原始凭证作为经济业务发生或已经完成的原始依据，必须反映经济业务发生或完成情况，并明确经济责任，所以各种原始凭证都必须具备一些基本内容，这些基本内容包括：

（1）凭证名称，如“发票”“入库单”等。

（2）填制凭证的日期，通常就是经济业务发生的日期。

（3）填制凭证单位或填制人姓名。

（4）经办人员的签名或盖章。

（5）接受凭证单位的名称。

（6）经济业务的内容（含数量、单价和金额）。

（7）有关人员（部门负责人、经办人员）签章。

（二）原始凭证填制的要求

原始凭证是在经济业务发生或完成时，由经办业务的部门或人员根据经济业务的内容填制的。为了保证会计凭证的真实、合法、准确，填制原始凭证时需要做到以下几点：

1. 原始凭证反映的经济业务内容必须合理合法

原始凭证上反映的经济业务内容必须符合国家有关政策、法令、规章、制度的要求，必须符合本单位生产经营活动的需要，否则不能作为原始凭证。

2. 原始凭证反映的经济业务内容必须真实完整

原始凭证反映的经济业务内容必须真实，不允许任何歪曲和弄虚作假。

（1）外来原始凭证上必须加盖单位公章，如果是从个人取得的原始凭证则凭证上要有个人的签名或盖章。

（2）对外开出原始凭证也必须加盖本单位公章。

（3）原始凭证上的大写金额和小写金额必须一致。

（4）购买物品的原始凭证需要有相关的验收单。

（5）付出款项的原始凭证要有收款单位或个人开具的收款证明。

（6）多联原始凭证应注明每一联的用途，且只能有一联作为报销凭证。存根联应妥善保管，备查。

（7）原始凭证有错误的，应当由出具单位重开或更正，更正处应当加盖出具单位印章。原始凭证金额有错误的，应当由出具单位重开，不得在原始凭证上更正。

3. 文字、数字书写清楚规范

原始凭证要按规定书写，文字简要，字迹清楚，易于辨认，不得使用未经国务院公布的简化汉字；大小写金额必须相符且规范；小写金额用阿拉伯数字逐个书写，不得写连笔字，在金额前要填写人民币符号“￥”，人民币符号“￥”与阿拉伯数字之间不得留有空白；数字金额一律写到角分，无角分的，写“00”；大写金额用汉字“壹、贰、叁、肆、伍、陆、柒、捌、玖、拾、佰、仟、万、亿、元、角、分、零、整”等，一律用正楷或行书字书写，大写金额前未印有“人民币”字样的，应加写“人民币”三个字，“人民币”字样和大写金额之间不得留有空白，大写金额到“元”或“角”为止的，后面要写“整”或“正”，见证2-1-3：

◎证2-1-3◎

工商银行　**进　账　单**（收账通知）

20××年6月12日

<table>
<tr><td rowspan="3">出票人</td><td>全　称</td><td colspan="2">悦华蔬菜公司</td><td rowspan="3">收款人</td><td>全　称</td><td colspan="11">新海农民专业合作社</td><td rowspan="8">此联是开户银行交给持票人的收账通知</td></tr>
<tr><td>账　号</td><td colspan="2">98780006</td><td>账　号</td><td colspan="11">45689902</td></tr>
<tr><td>开户银行</td><td colspan="2">工商银行锦华支行</td><td>开户银行</td><td colspan="11">中国农业银行河口办事处</td></tr>
<tr><td rowspan="2">金额</td><td rowspan="2">人民币（大写）</td><td colspan="4" rowspan="2">陆仟叁佰元整</td><td>亿</td><td>千</td><td>百</td><td>十</td><td>万</td><td>千</td><td>百</td><td>十</td><td>元</td><td>角</td><td>分</td></tr>
<tr><td></td><td></td><td></td><td></td><td>￥</td><td>6</td><td>3</td><td>0</td><td>0</td><td>0</td><td>0</td></tr>
<tr><td colspan="2">票据种类</td><td>转账支票</td><td>票据张数</td><td>1</td><td colspan="12" rowspan="3">开户银行盖章</td></tr>
<tr><td colspan="2">票据号码</td><td colspan="3">略</td></tr>
<tr><td colspan="5">备注：
复核　　记账</td></tr>
</table>

三、原始凭证的审核

为了如实反映经济业务的发生和完成情况，充分发挥会计的监督职能，保证会计信息的真实性、可靠性和正确性，会计机构和会计人员必须对原始凭证进行严格的审核。审核内容见表 2-1-1：

◎表 2-1-1◎

原始凭证审核内容

审核内容	说　明
审核原始凭证的合法性	审核原始凭证记录的经济业务是否符合国家财经法规的要求和单位内部管理制度的规定等
审核原始凭证的真实性	审核原始凭证的日期是否真实、业务内容是否真实、数据是否真实
审核原始凭证的合理性	审核原始凭证记载的经济业务是否符合单位生产经营活动的需要，是否符合有关计划或预算
审核原始凭证的完整性	审核原始凭证各项基本要素是否齐全，有无漏项情况、日期是否完整、有关人员签章是否齐全
审核原始凭证的正确性	审核原始凭证各项金额计算及填写是否正确，文字、数字的书写是否规范、清晰
审核证实是否相符	对于购置实物物品的原始凭证，应对照凭证盘点实物，确定实物是否存在，数量是否相符

经审核的原始凭证应根据不同情况处理：

(1) 对于完全符合要求的原始凭证，应及时据以编制记账凭证。

(2) 对于真实、合法、合理但内容不够完整、填写有错误的原始凭证，应退给有关经办人员，由其负责将有关凭证补充完整、更正错误或重开后，再办理正式会计手续。

(3) 对于不真实、不合法的原始凭证，会计机构会计人员有权不予接受，并向单位负责人报告。

任务二　填制和审核记账凭证

学习目标

1. 学会编写会计分录；
2. 学会编制试算平衡表；
3. 学会编制记账凭证；
4. 学会对记账凭证进行审核。

知识储备

一、记账凭证的种类

记账凭证又称记账凭单，是会计人员根据审核无误的原始凭证按照经济业务内容加以归类，并据以确定会计分录后填制的会计凭证，它是登记账簿的直接依据。要学会编制会计分录，编制记账凭证，必须首先了解会计科目、账户和借贷记账法的内容。

二、会计科目

会计科目是对会计对象的具体内容进行分类核算的项目。

会计科目按照不同标准有不同的分类：

1. 按照会计科目提供信息的详细程度分类

（1）总分类科目。总分类科目又称一级科目或总账科目，会计科目表上的科目都是一级科目。

（2）明细分类科目。明细分类科目又称明细科目，是对总分类科目的进一步分类，提供更详细、更具体会计信息的科目。如“应收款”科目提供的是应收款的总额，如果想得到“应收A公司”或“应收B村”款项的具体信息就必须在“应收款”科目下再开设“A公司”“B村”等更具体的会计科目。

2. 按照会计科目反映的经济内容分类

按照农民专业合作社会计科目反映的经济内容将会计科目分为以下五类，见表2-2-1：

◎表 2-2-1◎

农民专业合作社会计科目

顺序号	科目编号	科目名称	顺序号	科目编号	科目名称
		一、资产类			
1	101	库存现金	22	222	应付剩余盈余
2	102	银行存款	23	231	长期借款
3	113	应收款	24	235	专项应付款
4	114	成员往来			
5	121	产品物资			三、所有者权益
6	124	委托加工物资	25	301	股金
7	125	委托代销商品	26	311	专项基金
8	127	受托代购商品	27	321	资本公积
9	128	受托代销商品	28	322	盈余公积
10	131	对外投资	29	331	本年盈余
11	141	牲畜（禽）资产	30	332	盈余分配
12	142	林业资产			
13	151	固定资产			四、成本类
14	152	累计折旧	31	401	生产成本
15	153	在建工程			
16	154	固定资产清理			五、损益类
17	161	无形资产	32	501	经营收入
			33	502	其他收入
		二、负债类	34	511	投资收益
18	201	短期借款	35	521	经营支出
19	211	应付款	36	522	管理费用
20	212	应付工资	37	529	其他支出
21	221	应付盈余返还			

三、会计账户

账户是根据会计科目设置的，具有一定格式和结构，是用来分类反映会计对象增减变动情况及其结果的载体。账户是以会计科目作为它的名称，同时账户又具有一定的格式

（结构），根据总分类科目设置的账户称为总分类账户，根据明细科目设置的账户称为明细账户。

四、借贷记账法

（一）借贷记账法的概念

借贷记账法是以"借""贷"为记账符号的一种复式记账法。

> **提示** 成本类会计科目的结构与资产类会计科目的结构相同。

（二）借贷记账法下的账户结构

1. 资产类账户结构

借贷记账法下，资产类账户的借方记录资产的增加额，贷方记录资产的减少额。资产类账户期末一般在借方。资产类会计科目的结构见表2－2－2：

◎表2－2－2◎

资产类会计科目

借方		贷方	
期初余额	×××		
增加额	×××	减少额	×××
本期借方发生额	×××	本期贷方发生额	×××
期末余额	×××		

资产类账户期初余额、本期借方发生额、本期贷方发生额和期末余额之间的关系可以用公式表示为：

期末余额＝期初余额＋本期借方发生额－本期贷方发生额

2. 负债及所有者权益类账户结构

借贷记账法下，负债与所有者权益类会计科目的结构是相同的。其贷方记录负债与所有者权益的增加额，借方记录负债与所有者权益的减少额。期末余额一般在贷方。负债及所有者权益类会计科目的结构见表2－2－3：

◎表2－2－3◎

负债、所有者权益类会计科目

借方		贷方	
		期初余额	×××
减少额	×××	增加额	×××
本期借方发生额	×××	本期贷方发生额	×××
		期末余额	×××

负债及所有者权益类账户期初余额、本期借方发生额、本期贷方发生额和期末余额之间的关系可以用公式表示为：

期末余额＝期初余额＋本期贷方发生额－本期借方发生额

3. 损益类账户结构

损益类会计科目按其不同内容分为收入类科目和费用类科目。

（1）收入类会计科目结构。收入类会计科目的结构与权益类账户的结构相似，贷方记录收入的增加额，借方记录收入的减少额，期末一般没有余额。收入类会计科目的结构见表2-2-4：

◎表2-2-4◎

收入类会计科目

借方		贷方	
减少额	×××	增加额	×××
本期借方发生额	×××	本期贷方发生额	×××

（2）费用类会计科目的结构。费用类会计科目的结构与资产类会计科目的结构相似，借方记录费用的增加额，贷方记录费用的减少额，期末一般没有余额。费用类会计科目的结构见表2-2-5：

◎表2-2-5◎

费用类会计科目

借方		贷方	
增加额	×××	减少额	×××
本期借方发生额	×××	本期贷方发生额	×××

（三）借贷记账法的记账规则

借贷记账法的记账规则为：

有借必有贷，借贷必相等。

具体来说就是指对于每一项经济业务事项发生后，如果记入了一个会计账户的借方，则必须同时记入另一个或几个会计账户的贷方；或者，如果记入了一个会计账户的贷方，则必须记入另一个或几个会计账户的借方，并且登记在借方科目和贷方科目的金额必须相等。

【例 2－2－1】

5 月 4 日收到合作社成员李玉投入 20 000 元，存入银行。

该项经济业务使合作社的资产类账户“银行存款”增加 20 000 元，同时使所有者权益类账户“股金”增加 20 000 元。银行存款属于资产类账户，增加记借方；股金属于所有者权益类账户，增加记贷方。登记入账的结果见表 2－2－6：

◎表 2－2－6◎

股　金

借方	贷方
	期初余额 200 000
	① 20 000

银行存款

借方	贷方
期初余额 80 000	
① 20 000	

【例 2－2－2】

5 月 12 日合作社向阳光种子公司购进种子一批，价款 5 000 元，款未付。

该项经济业务使专业合作社的负债类账户“应付款”增加 5 000 元，同时使资产类账户“产品物资”增加 5 000 元。应付款属于负债类会计账户，增加记贷方；产品物资属于资产类账户，增加记借方。登记入账的结果见表 2－2－7：

◎表 2－2－7◎

应付款

借方	贷方
	期初余额 3 000
	② 5 000

产品物资

借方	贷方
期初余额 6 000	
② 5 000	

【例 2－2－3】

5 月 15 日从银行提取现金 1 000 元备用。

该项经济业务使合作社的资产类账户“库存现金”增加 1 000 元，同时使资产类账户“银行存款”减少 1 000 元。库存现金属于资产类账户，增加记借方；银行存款属于资产类账户，减少记贷方。登记入账的结果见表 2－2－8：

◎表 2-2-8◎

银行存款

借方		贷方	
期初余额	80 000		
①	20 000	③	1 000

库存现金

借方		贷方	
期初余额	600		
③	1 000		

【例 2-2-4】

12 月 27 日，经合作社成员大会决定，将盈余公积 30 000 元转增股金。

该项经济业务使合作社的所有者权益类账户“股金”增加 30 000 元，同时使所有者权益类账户“盈余公积”减少 30 000 元。股金属于所有者权益类账户，增加记贷方；盈余公积属于所有者权益类账户，减少记借方。登记入账的结果见表 2-2-9：

◎表 2-2-9◎

股　金

借方		贷方	
		期初余额	200 000
		①	20 000
		④	30 000

盈余公积

借方		贷方	
		期初余额	82 000
④	30 000		

上述经济业务的记录比较复杂，可以通过编制会计分录的形式来反映。

会计分录是指明经济业务应记入账户的名称、方向和金额的记录。会计分录包括三个要素：账户名称、记账方向（借或贷）和金额。

上述经济业务编制会计分录如下：

	借方金额	贷方金额
（1）借：银行存款	20 000	
贷：股金		20 000
（2）借：产品物资	5 000	
贷：应付款		5 000
（3）借：库存现金	1 000	
贷：银行存款		1 000
（4）借：盈余公积	30 000	
贷：股金		30 000

（四）借贷记账法的试算平衡

试算平衡是根据“资产＝负债＋所有者权益”的会计等式，以及借贷记账法的记账规则，检查和验证所有会计账户记录是否正确的一种方法。试算平衡有发生额平衡法和余额平衡法。

在实际工作中，试算平衡通常是在每一会计期间终了，把全部经济业务登记入账，并结出各个账户的本期发生额合计和期末余额后，通过编制“试算平衡表”的方法，来验证当期发生额与余额是否平衡。试算平衡表的格式见表 2-2-10：

◎表 2-2-10◎

试算平衡表

会计科目	期初余额		本期发生额		期末余额	
	借方	贷方	借方	贷方	借方	贷方

五、记账凭证的内容及填制

（一）记账凭证的内容

记账凭证作为登记账簿的依据，因其所反映经济业务内容不同，各单位规模大小及其对会计核算繁简程度的要求不同，其格式也有所不同。但为了满足记账的基本要求，记账凭证应具备以下基本内容：

（1）记账凭证的名称。

（2）填制记账凭证的日期。

（3）记账凭证的编号。

（4）经济业务的内容摘要。

（5）经济业务所涉及的会计科目及记账方向。

（6）经济业务的金额。

（7）记账标记。

（8）所附原始凭证张数。

（9）会计主管、记账、审核、制单等有关人员的签章。

记账凭证的一般格式见证 2-2-1。

（二）记账凭证的填制

1. 日期

记账凭证是在哪一天编制的，就写哪一天。记账凭证的填制日期与原始凭证的填制日期可能相同也可能不同。记账凭证应及时填制，但一般稍后于原始凭证的填制。

◎证 2－2－1◎

记 账 凭 证

年　　月　　日　　　　　　　　　　　　　　记字第　　号

摘　要	总账科目	明细科目	借方金额										贷方金额										记账
			千	百	十	万	千	百	十	元	角	分	千	百	十	万	千	百	十	元	角	分	

附单据　　张

会计主管　　　　记账　　　　稽核　　　　出纳　　　　制单

2. 摘要

摘要应能清晰地反映经济业务的内容，同时要简明扼要。

3. 会计科目

按照先借后贷的顺序，记入总账科目和明细科目，并应按借贷方向分别记入“借方金额”或“贷方金额”栏。

4. 记账标记

是该记账凭证已登记账簿的标记，防止经济业务重记或漏记。

5. 所附原始单据

凭证右侧的“附单据×张”，是指记账凭证所附原始凭证的张数。原始凭证是编制记账凭证的依据，缺少它就无从审核记账凭证是否正确。

6. 签章

记账凭证下方分别由有关人员签章，以明确经济责任。

7. 记账凭证的编号

采用按照经济业务发生的先后顺序编号的方法。一笔经济业务涉及两张以上的记账凭证时，可以采用分数编号法。如第 15 笔经济业务需要编制 2 张记账凭证，则分别编号为 $15\frac{1}{2}$、$15\frac{2}{2}$。

需要指出的是，编制记账凭证时应当对记账凭证连续编号，以分清会计事项处理的先后顺序，便于记账凭证与会计账簿核对，确保记账凭证完整无缺。

【例 2－2－5】

根据【例 2－2－1】业务编制记账凭证，见证 2－2－2：

◎证 2-2-2◎

记 账 凭 证

20××年5月4日　　　　　　记字第 001 号

摘　要	总账科目	明细科目	借方金额										贷方金额										记账
			千	百	十	万	千	百	十	元	角	分	千	百	十	万	千	百	十	元	角	分	
收到股金	银行存款					2	0	0	0	0	0	0											
	股金	李玉														2	0	0	0	0	0	0	
合　计					¥	2	0	0	0	0	0	0			¥	2	0	0	0	0	0	0	

附单据 1 张

会计主管　　　记账　　　稽核　　　出纳　　　制单 杨柳

【例 2-2-6】

根据【例 2-2-2】业务编制记账凭证，见证 2-2-3：

◎证 2-2-3◎

记 账 凭 证

20××年5月12日　　　　　　记字第 002 号

摘　要	总账科目	明细科目	借方金额										贷方金额										记账
			千	百	十	万	千	百	十	元	角	分	千	百	十	万	千	百	十	元	角	分	
购买种子	产品物资	某种子					5	0	0	0	0	0											
	应付款	阳光种子公司															5	0	0	0	0	0	
合　计						¥	5	0	0	0	0	0				¥	5	0	0	0	0	0	

附单据 1 张

会计主管　　　记账　　　稽核　　　出纳　　　制单 杨柳

六、会计凭证的保管

会计凭证的保管是指会计凭证记账后的整理、装订、归档和存查工作。

对会计凭证的保管既要做到完整无缺，又要便于翻阅查找。主要要求如下：

（1）会计凭证应定期装订成册，防止散失。会计部门依据会计凭证记账后，应定期对记账凭证进行归类整理，将记账凭证按照编号顺序连同所附原始凭证一起加具封面，装订成册，在装订线上加贴封签，并由装订人在装订封签处签名或盖章。

会计凭证封面应注明单位名称、凭证张数、起止号数、年度、月份、会计主管人员、装订人员等。

（2）会计凭证应加贴封条，防止被抽换。原始凭证不得外借，其他单位如因特殊原因确实需要使用时，经本单位会计机构负责人、会计主管人员批准可以复印。

（3）每年装订成册的会计凭证，在年度终了时，可暂由单位会计机构保管一年，期满后应当移交本单位档案机构统一保管；未设立档案机构的，应当在会计机构内部指定专人保管。出纳员不得兼管会计档案。

（4）严格遵守会计凭证的保管期限，期满前，不得任意销毁。

项目三

资产的核算

任务一　流动资产的核算
任务二　农业资产的核算
任务三　对外投资的核算
任务四　固定资产的核算
任务五　无形资产的核算

【项目目标】

1. 掌握各项流动资产的核算。
2. 掌握各项农业资产的核算。
3. 掌握对外投资各项业务的核算。
4. 掌握固定资产各项业务的核算。
5. 掌握无形资产各项业务的核算。

任务一　流动资产的核算

学习目标

1. 掌握货币资金总分类核算和序时核算；
2. 掌握应收款的发生和收回的核算；
3. 掌握成员往来的发生和收回、偿还的核算；
4. 掌握存货的增加和减少的核算。

知识储备

农民专业合作社的流动资产分为货币资金、应收款项、成员往来和存货等。

一、货币资金

货币资金是农民专业合作社资产的重要组成部分，是流动性最强的资产。农民专业合作社的货币资金主要包括库存现金和银行存款。

（一）库存现金的核算

1. 库存现金的管理

（1）库存现金的使用范围。

- 职工工资、津贴。
- 个人的劳务报酬。
- 根据国家规定颁发给个人的科学技术、文化艺术、体育等各种奖金。
- 各种劳保、福利费用以及国家规定的对个人的其他支出。
- 向个人收购农副产品及其他物资的款项。
- 出差人员必须随身携带的差旅费。
- 结算起点（1 000 元）以下的零星支出。
- 中国人民银行确定需要支付现金的其他支出。

（2）库存现金限额。库存现金限额是指国家规定由开户银行给各合作社核定一个保留现金的最高额度。开户银行核定合作社库存现金限额的原则是，既要保证合作社日常零星现金支付的合理需要，又要尽量减少现金的使用。核定限额的依据一般是合作社 3～5 天的正常零星开支量。远离银行机构或交通不便的合作社可以根据情况适当放宽，但最高不超过 15 天。对合作社超出核定的库存限额留存现金的，开户银行可根据情节的轻重处以罚款。

2. 库存现金收付的总分类核算

为了总括反映农民专业合作社库存现金的收入、支出和结存情况，应该设置“库存现金”总分类账户。该账户是资产类账户，其借方记录合作社库存现金收入的数额，贷方记录合作社库存现金支出的数额，期末余额在借方，表示合作社库存的现金数额。

【例 3-1-1】

20××年5月4日，某农民专业合作社出纳填写现金支票从开户银行（或信用社）提取现金 1 000 元备用。编制记账凭证，见证 3-1-1：

◎证 3-1-1◎

记 账 凭 证

20××年5月4日　　　　记字第 001 号

摘要	总账科目	明细科目	借方金额										贷方金额										记账
			千	百	十	万	千	百	十	元	角	分	千	百	十	万	千	百	十	元	角	分	
提取现金	库存现金						1	0	0	0	0	0											
	银行存款																1	0	0	0	0	0	
合计						¥	1	0	0	0	0	0				¥	1	0	0	0	0	0	

附单据 1 张

会计主管　　记账　　稽核　　出纳　　制单 刘畅

【例 3-1-2】

20××年5月4日，某农民专业合作社成员李冬青出差预借差旅费 500 元，出纳员以现金支付。编制记账凭证，见证 3-1-2：

◎证 3-1-2◎

记 账 凭 证

20××年5月4日　　　　记字第 002 号

摘要	总账科目	明细科目	借方金额										贷方金额										记账
			千	百	十	万	千	百	十	元	角	分	千	百	十	万	千	百	十	元	角	分	
李冬青借差旅费	成员往来	李冬青						5	0	0	0	0											
	库存现金																	5	0	0	0	0	
合计							¥	5	0	0	0	0					¥	5	0	0	0	0	

附单据 1 张

会计主管　　记账　　稽核　　出纳　　制单 刘畅

3. 库存现金收付的序时核算

为了详细反映农民专业合作社库存现金的收支以及结存情况，应设置“现金日记账”。出纳员应根据审核无误的记账凭证，逐日逐笔顺序登记，每日终了，应结出现金日记账的账面余额，并将其与库存现金实存数额相核对，做到账实相符。库存现金超过银行核定的库存限额的部分，应及时送存银行。

（二）银行存款的核算

1. 银行存款收付的总分类核算

为了总括反映合作社银行存款的增加、减少和结存情况，应该设置“银行存款”总分类账户。该账户是资产类账户，其借方记录合作社存入的款项，贷方记录合作社提取或支出的款项，期末余额在借方，表示合作社实际存在银行、信用社和其他金融机构的款项。

【例 3-1-3】

20××年 5 月 4 日，某农民专业合作社收到李娜投入的现金 10 000 元，存入开户行。编制记账凭证，见证 3-1-3-1：

◎证 3-1-3-1◎

记　账　凭　证

20××年 5 月 4 日　　　　记字第 003 $\frac{1}{2}$ 号

摘　要	总账科目	明细科目	借方金额										贷方金额										记账
			千	百	十	万	千	百	十	元	角	分	千	百	十	万	千	百	十	元	角	分	
接受李娜投资	库存现金					1	0	0	0	0	0	0											
	股金	李娜														1	0	0	0	0	0	0	
合　计					¥	1	0	0	0	0	0	0			¥	1	0	0	0	0	0	0	

附单据 3 张

会计主管　　　　记账　　　　稽核　　　　出纳　　　　制单　刘畅

同时，合作社出纳员将现金 10 000 元存入银行，应编制记账凭证，见证 3-1-3-2：

◎证 3-1-3-2◎

记 账 凭 证

20××年5月4日　　　　记字第003 $\frac{2}{2}$ 号

摘要	总账科目	明细科目	借方金额										贷方金额										记账
			千	百	十	万	千	百	十	元	角	分	千	百	十	万	千	百	十	元	角	分	
存现	银行存款					1	0	0	0	0	0	0											
	库存现金															1	0	0	0	0	0	0	
合计					¥	1	0	0	0	0	0	0			¥	1	0	0	0	0	0	0	

附单据 1 张

会计主管　　记账　　稽核　　出纳　　制单 刘畅

【例 3-1-4】

20××年5月5日，某农民专业合作社购买农药2 000元，签发转账支票一张。编制记账凭证，见证3-1-4：

◎证 3-1-4◎

记 账 凭 证

20××年5月5日　　　　记字第004号

摘要	总账科目	明细科目	借方金额										贷方金额										记账
			千	百	十	万	千	百	十	元	角	分	千	百	十	万	千	百	十	元	角	分	
购买农药	产品物资	农药					2	0	0	0	0	0											
	银行存款																2	0	0	0	0	0	
合计						¥	2	0	0	0	0	0				¥	2	0	0	0	0	0	

附单据 2 张

会计主管　　记账　　稽核　　出纳　　制单 刘畅

2. 银行存款收付的序时核算

为了详细反映农民专业合作社银行存款的收支以及结存情况，应设置“银行存款日记账”。出纳员应根据审核无误的银行存款收款、付款凭证和库存现金付款凭证（或通用记账凭证），逐日逐笔顺序登记，每日终了，应结出银行存款日记账的账面余额。银行存款日记账要定期与开户行转来的对账单进行核对，如果不符应及时处理。

二、应收款项

农民专业合作社的应收款项是指农民专业合作社与非成员之间发生的各种应收以及暂付款项，包括因销售产品物资、提供劳务应收未收的款项以及应收未收的各种赔款、罚款和利息等。

为了反映农民专业合作社与非成员之间发生的各种应收以及暂付款项的情况，应设置“应收款”账户。该账户是资产类账户，其借方记录合作社应收及暂付款项的发生，贷方记录合作社收回的应收款项，期末余额在借方，表示合作社应收未收及暂付的款项。“应收款”账户应按照应收及暂付款项的单位和个人设置明细账户，进行明细核算。

（一）应收款发生的核算

农民专业合作社发生的各种应收以及暂付款项时，应借记“应收款”账户，贷记“经营收入”“银行存款”“库存现金”等账户。

【例 3-1-5】

20××年5月5日，某农民专业合作社销售苹果一批给甲公司，价款20 000元，款项尚未收到。编制记账凭证，见证3-1-5：

◎证 3-1-5◎

记　账　凭　证

20××年5月5日　　　　记字第005号

摘要	总账科目	明细科目	借方金额 千	百	十	万	千	百	十	元	角	分	贷方金额 千	百	十	万	千	百	十	元	角	分	记账
销售苹果款未收	应收款	甲公司				2	0	0	0	0	0	0											
	经营收入															2	0	0	0	0	0	0	
合计					¥	2	0	0	0	0	0	0			¥	2	0	0	0	0	0	0	

附单据 2 张

会计主管　　记账　　稽核　　出纳　　制单 刘畅

【例 3-1-6】

20××年5月6日，某农民专业合作社支付给乙单位购买苹果苗的订金1 000元，签发转账支票一张。编制记账凭证，见证3-1-6：

◎证 3-1-6◎

记 账 凭 证

20××年5月6日　　　　记字第006号

摘要	总账科目	明细科目	借方金额										贷方金额										记账
			千	百	十	万	千	百	十	元	角	分	千	百	十	万	千	百	十	元	角	分	
付苹果苗订金	应收款	乙单位					1	0	0	0	0	0											
	银行存款																1	0	0	0	0	0	
合　计						¥	1	0	0	0	0	0				¥	1	0	0	0	0	0	

附单据2张

会计主管　　记账　　稽核　　出纳　　制单 刘畅

（二）应收款收回的核算

农民专业合作社收回应收以及暂付款项时，应贷记“应收款”账户，借记“银行存款”“库存现金”和“产品物资”等账户。

【例3-1-7】

20××年5月6日，某农民专业合作社收到甲公司签发的转账支票一张，归还货款20 000元。编制记账凭证，见证3-1-7：

◎证 3-1-7◎

记 账 凭 证

20××年5月6日　　　　记字第007号

摘要	总账科目	明细科目	借方金额										贷方金额										记账
			千	百	十	万	千	百	十	元	角	分	千	百	十	万	千	百	十	元	角	分	
收到甲公司货款	银行存款					2	0	0	0	0	0	0											
	应收款	甲公司														2	0	0	0	0	0	0	
合　计					¥	2	0	0	0	0	0	0			¥	2	0	0	0	0	0	0	

附单据2张

会计主管　　记账　　稽核　　出纳　　制单 刘畅

【例3-1-8】

20××年5月7日，某农民专业合作社收到乙单位送来的苹果苗，货款共计5 000元，签发一张4 000元的转账支票，已付订金1 000元。编制记账凭证，见证3-1-8：

◎证3-1-8◎

记　账　凭　证

20××年5月7日　　　　　　　　　　记字第008号

摘　要	总账科目	明细科目	借方金额										贷方金额										记账
			千	百	十	万	千	百	十	元	角	分	千	百	十	万	千	百	十	元	角	分	
收到苹果苗	产品物资	苹果苗					5	0	0	0	0	0											
	应收款	乙单位															1	0	0	0	0	0	
	银行存款																4	0	0	0	0	0	
合　计						¥	5	0	0	0	0	0				¥	5	0	0	0	0	0	

附单据2张

会计主管　　　　记账　　　　稽核　　　　出纳　　　　制单 刘畅

（三）坏账的核算

坏账是指合作社无法收回或收回可能性极小的应收或暂付款项。合作社对于确认确实无法收回的应收或暂付款项，采用直接核销法。按规定程序批准核销后，借记“其他支出”，贷记“应收款”。

【例3-1-9】

20××年5月8日，确认丙公司倒闭，前欠货款20 000元经批准做坏账处理。编制记账凭证，见证3-1-9：

◎证 3-1-9◎

记 账 凭 证

20××年5月8日　　　　　　记字第009号

摘要	总账科目	明细科目	借方金额										贷方金额										记账
			千	百	十	万	千	百	十	元	角	分	千	百	十	万	千	百	十	元	角	分	
确认坏账	其他支出					2	0	0	0	0	0	0											
	应收款	丙公司														2	0	0	0	0	0	0	
合计					¥	2	0	0	0	0	0	0			¥	2	0	0	0	0	0	0	

附单据1张

会计主管　　　记账　　　稽核　　　出纳　　　制单 刘畅

三、成员往来

成员往来是指农民专业合作社与其成员之间发生的经济往来业务。

为了反映合作社与其成员之间的经济往来业务情况，应设置“成员往来”账户。该账户是双重性质的账户，既反映合作社与成员之间发生的各种应付及暂收款项，又核算合作社与成员之间发生的各种应收及暂付款项，其借方记录合作社与成员之间发生的各种应收及暂付款项和偿还各种应付及暂收款项，贷方记录合作社与成员之间发生的各种应付及暂收款项和收回各种应收及暂付款项，期末余额在借方，表示合作社应收未收及暂付成员的款项，期末余额在贷方，表示合作社应付未付及暂收成员的款项。“成员往来”账户应按照成员名称设置明细账户，进行明细核算。

【例 3-1-10】

20××年5月9日，某水果业生产合作社为其成员李美丽提供果树修剪服务，协议服务费为3 000元，款项尚未收到。编制记账凭证，见证3-1-10：

◎证 3－1－10◎

记　账　凭　证

20××年 5 月 9 日　　　　　　　　记字第 010 号

摘　要	总账科目	明细科目	借方金额										贷方金额										记账
			千	百	十	万	千	百	十	元	角	分	千	百	十	万	千	百	十	元	角	分	
为李美丽修剪果树	成员往来	李美丽					3	0	0	0	0	0											
	经营收入																3	0	0	0	0	0	
合　计						¥	3	0	0	0	0	0				¥	3	0	0	0	0	0	

附单据 1 张

会计主管　　　　记账　　　　稽核　　　　出纳　　　　制单　李青

【例 3－1－11】

20××年 5 月 9 日，某水果业生产合作社为其成员张峰从县生产资料公司赊购农药，价款 1 000 元。编制记账凭证，见证 3－1－11：

◎证 3－1－11◎

记　账　凭　证

20××年 5 月 9 日　　　　　　　　记字第 011 号

摘　要	总账科目	明细科目	借方金额										贷方金额										记账
			千	百	十	万	千	百	十	元	角	分	千	百	十	万	千	百	十	元	角	分	
为张峰赊购农药	成员往来	张峰					1	0	0	0	0	0											
	应付款	生产资料公司															1	0	0	0	0	0	
合　计						¥	1	0	0	0	0	0				¥	1	0	0	0	0	0	

附单据 2 张

会计主管　　　　记账　　　　稽核　　　　出纳　　　　制单　李青

【例 3－1－12】

20××年 5 月 10 日，某水果业生产合作社为其成员王玉林代销苹果 1 000 千克，协议价款3 000元，款项待结算。编制记账凭证，见证3-1-12：

◎证3-1-12◎

记 账 凭 证

20××年5月10日　　　　　　　　　　　　　　　　记字第012号

摘要	总账科目	明细科目	借方金额										贷方金额										记账
			千	百	十	万	千	百	十	元	角	分	千	百	十	万	千	百	十	元	角	分	
为王玉林代销苹果	受托代销商品	苹果					3	0	0	0	0	0											
	成员往来	王玉林															3	0	0	0	0	0	
合　计						¥	3	0	0	0	0	0				¥	3	0	0	0	0	0	

附单据1张

会计主管　　　　记账　　　　稽核　　　　出纳　　　　制单 李青

四、存货

农民专业合作社的存货包括产品物资、委托加工物资、委托代销商品、受托代购商品、受托代销商品等。

（一）产品物资

农民专业合作社的产品物资包括种子、化肥、农药、原材料、燃料、低值易耗品、在产品、农产品和机械零配件等。

为了反映农民专业合作社产品物资的增加、减少和结存情况，应设置“产品物资”账户。该账户属于资产类，其借方记录合作社库存增加的各种产品物资的实际成本，贷方记录合作社库存减少的各种产品物资的实际成本，期末余额在借方，表示库存产品物资的实际成本。“产品物资”账户应按照各种产品物资的名称设置明细账，进行明细核算。

> **提示** 村集体经济组织用“库存物资”。

1. 产品物资增加的核算

农民专业合作社产品物资增加的途径很多，包括成员投入、合作社外购、合作社自产以及委托外单位加工等。无论哪一种产品物资的增加，都要按产品物资的实际成本，借记“产品物资”账户，相应贷记“库存现金”“银行存款”“应付款”“股金”“成员往来”“生产成本”和“委托加工物资”等。

【例3-1-13】

20××年5月11日，某水果业生产合作社从生产资料公司购入一批化肥，价款5 000元，已验收入库，款项待结算。编制记账凭证，见证3-1-13：

◎证 3-1-13◎

记 账 凭 证

20××年 5 月 11 日　　　　记字第 013 号

摘要	总账科目	明细科目	借方金额										贷方金额										记账
			千	百	十	万	千	百	十	元	角	分	千	百	十	万	千	百	十	元	角	分	
购入化肥	产品物资	化肥					5	0	0	0	0	0											
	应付款	生产资料公司															5	0	0	0	0	0	
合　计						¥	5	0	0	0	0	0				¥	5	0	0	0	0	0	

附单据 3 张

会计主管　　　　记账　　　　稽核　　　　出纳　　　　制单 李青

【例 3-1-14】

20××年 5 月 13 日，某水果业生产合作社苹果收获后入库，实际成本为 100 000 元。编制记账凭证，见证 3-1-14：

◎证 3-1-14◎

记 账 凭 证

20××年 5 月 13 日　　　　记字第 014 号

摘要	总账科目	明细科目	借方金额										贷方金额										记账
			千	百	十	万	千	百	十	元	角	分	千	百	十	万	千	百	十	元	角	分	
苹果入库	产品物资	苹果			1	0	0	0	0	0	0	0											
	生产成本	苹果													1	0	0	0	0	0	0	0	
合　计				¥	1	0	0	0	0	0	0	0		¥	1	0	0	0	0	0	0	0	

附单据 1 张

会计主管　　　　记账　　　　稽核　　　　出纳　　　　制单 李青

2. 产品物资减少的核算

农民专业合作社产品物资减少的途径也很多，包括产品物资销售、合作社生产领用、对外投资以及委托外单位加工发出产品物资等。无论哪一种产品物资的减少，都要按产品物资的实际成本，贷记“产品物资”账户，相应借记“经营支出”“其他支出”“生产成本”和“委托加工物资”等。

【例 3-1-15】

20××年 5 月 13 日，某水果业生产合作社为苹果树施肥，领用化肥 10 000 元。编制记账凭证，见证 3-1-15：

◎证 3-1-15◎

记 账 凭 证

20××年 5 月 13 日　　　　记字第 015 号

摘　要	总账科目	明细科目	借方金额										贷方金额										记账	附单据 1 张
			千	百	十	万	千	百	十	元	角	分	千	百	十	万	千	百	十	元	角	分		
领用化肥	生产成本	苹果				1	0	0	0	0	0	0												
	产品物资	化肥														1	0	0	0	0	0	0		
合　计					¥	1	0	0	0	0	0	0			¥	1	0	0	0	0	0	0		

会计主管　　　　记账　　　　稽核　　　　出纳　　　　制单 李青

【例 3-1-16】

20××年 5 月 15 日，某水果业生产合作社将苹果全部销售，收到款项 140 000 元，存入银行。苹果实际成本为 100 000 元。编制记账凭证，见证 3-1-16-1：

◎证 3-1-16-1◎

记 账 凭 证

20××年 5 月 15 日　　　　记字第 016 $\frac{1}{2}$ 号

摘　要	总账科目	明细科目	借方金额										贷方金额										记账	附单据 2 张
			千	百	十	万	千	百	十	元	角	分	千	百	十	万	千	百	十	元	角	分		
销售苹果	银行存款				1	4	0	0	0	0	0	0												
	经营收入	苹果													1	4	0	0	0	0	0	0		
合　计				¥	1	4	0	0	0	0	0	0		¥	1	4	0	0	0	0	0	0		

会计主管　　　　记账　　　　稽核　　　　出纳　　　　制单 李青

同时结转苹果的实际成本，编制记账凭证，见证 3－1－16－2：

◎证 3－1－16－2◎

记　账　凭　证

20××年 5 月 15 日　　　　　　　　　　记字第 016 $\frac{2}{2}$ 号

摘　要	总账科目	明细科目	借方金额										贷方金额										记账
			千	百	十	万	千	百	十	元	角	分	千	百	十	万	千	百	十	元	角	分	
结转苹果实际成本	经营支出	苹果			1	0	0	0	0	0	0	0											
	产品物资	苹果													1	0	0	0	0	0	0	0	
合　计				¥	1	0	0	0	0	0	0	0		¥	1	0	0	0	0	0	0	0	

附单据 0 张

会计主管　　　　记账　　　　稽核　　　　出纳　　　　制单 李青

（二）受托代购商品

受托代购商品是指农民专业合作社接受成员或非成员的委托代为采购的商品。

为了反映农民专业合作社的受托代购商品情况，应设置“受托代购商品”账户。该账户属于资产类，其借方记录合作社接受委托采购商品的实际成本，贷方记录合作社将代购的商品交给委托方时代购商品的实际成本，期末余额在借方，表示合作社已经采购但尚未交付给委托方商品的实际成本。“受托代购商品”账户应按照委托方的名称设置明细账，进行明细核算。

> **提示**　村集体经济组织不设置此科目

受托代购商品的核算基本上涉及三项内容：一是收到委托方支付的代购款时，借记“库存现金”等账户，贷记“成员往来”“应付款”等账户。二是采购商品后，借记“受托代购商品”，贷记“库存现金”等账户。三是将受托代购商品交付给委托方，并结清款项，借记“成员往来”“应付款”等账户，贷记“受托代购商品”，同时按收取的手续费，贷记“经营收入”。

【例 3－1－17】

20××年 5 月 19 日，某水果业生产合作社接受成员王刚的货款 20 000 元，委托代购果树苗1000株。款项存入银行。编制记账凭证，见证3-1-17：

◎证3-1-17◎

记 账 凭 证

20××年5月19日　　　　记字第017号

摘要	总账科目	明细科目	借方金额										贷方金额										记账
			千	百	十	万	千	百	十	元	角	分	千	百	十	万	千	百	十	元	角	分	
收到受托代购款	银行存款					2	0	0	0	0	0	0											
	成员往来	王刚														2	0	0	0	0	0	0	
合计					¥	2	0	0	0	0	0	0			¥	2	0	0	0	0	0	0	

附单据2张

会计主管　　记账　　稽核　　出纳　　制单 李青

【例3-1-18】

20××年5月21日，某水果业生产合作社签发转账支票15000元，购买果树苗1000株。编制记账凭证，见证3-1-18-1：

◎证3-1-18-1◎

记 账 凭 证

20××年5月21日　　　　记字第018 $\frac{1}{2}$ 号

摘要	总账科目	明细科目	借方金额										贷方金额										记账
			千	百	十	万	千	百	十	元	角	分	千	百	十	万	千	百	十	元	角	分	
购买果树苗	受托代购商品	王刚				1	5	0	0	0	0	0											
	银行存款															1	5	0	0	0	0	0	
合计					¥	1	5	0	0	0	0	0			¥	1	5	0	0	0	0	0	

附单据2张

会计主管　　记账　　稽核　　出纳　　制单 李青

当日将果树苗交付给王刚，并收服务费 1 000 元，同时退回王刚现金 4 000 元，编制记账凭证，见证 3－1－18－2：

◎证 3－1－18－2◎

记　账　凭　证

20××年 5 月 21 日　　　　记字第 018 $\frac{2}{2}$ 号

摘　要	总账科目	明细科目	借方金额										贷方金额										记账
			千	百	十	万	千	百	十	元	角	分	千	百	十	万	千	百	十	元	角	分	
交付代购王刚果树苗	成员往来	王刚				2	0	0	0	0	0	0											
	受托代购商品	王刚														1	5	0	0	0	0	0	
	经营收入	代购收入															1	0	0	0	0	0	
	库存现金																4	0	0	0	0	0	
合　计					¥	2	0	0	0	0	0	0			¥	2	0	0	0	0	0	0	

附单据 2 张

会计主管　　记账　　稽核　　出纳　　制单　李青

（三）受托代销商品

受托代销商品是指农民专业合作社接受成员或非成员的委托代为销售的商品。

为了反映农民专业合作社的受托代销商品情况，应设置“受托代销商品”账户。该账户属于资产类，其借方记录合作社接受委托代销商品的合同或者协议价，贷方记录合作社售出代销商品的合同或者协议价，期末余额在借方，表示合作社尚未售出代销商品的合同或者协议价。“受托代销商品”账户应按照委托方的名称设置明细账，进行明细核算。

> **提示**　村集体经济组织不设置此科目。

受托代销商品的核算基本涉及三项内容：一是收到代销商品时，按合同或者协议价，借记“受托代销商品”账户，贷记“成员往来”“应付款”等账户。二是售出代销商品，按实际收到的款项，借记“银行存款”等账户，按合同或者协议价，贷记“受托代销商品”账户。这时借贷之间的差额记录在“经营收入”的借方或贷方。三是将受托代销商品款交付给委托方时，借记“成员往来”“应付款”等账户，贷记“银行存款”等账户。

【例 3－1－19】

20××年 5 月 22 日，某水果业生产合作社接受成员王刚的委托，代销苹果 1 000

千克，协议价每千克 4 元。款项销售后结清。编制记账凭证，见证 3－1－19：

◎证 3－1－19◎

记 账 凭 证

20××年 5 月 22 日　　　　　　　　记字第 019 号

摘　要	总账科目	明细科目	借方金额										贷方金额										记账
			千	百	十	万	千	百	十	元	角	分	千	百	十	万	千	百	十	元	角	分	
受托代销苹果	受托代销商品	王刚					4	0	0	0	0	0											
	成员往来	王刚															4	0	0	0	0	0	
合　计						¥	4	0	0	0	0	0				¥	4	0	0	0	0	0	

附单据 1 张

会计主管　　　　记账　　　　稽核　　　　出纳　　　　制单　李青

【例 3－1－20】

20××年 5 月 25 日，某水果业生产合作社将王刚委托代销的苹果全部出售，收取价款 5 000 元，存入银行。

◆**分析**　该笔业务使合作社银行存款增加，记入“银行存款”的借方，同时受托代销商品减少，记入“受托代销商品”的贷方，借贷之间的差额 1 000 元，记入“经营收入”贷方，编制记账凭证，见证 3－1－20－1：

◎证 3－1－20－1◎

记 账 凭 证

20××年 5 月 25 日　　　　　　　　记字第 020 $\frac{1}{2}$ 号

摘　要	总账科目	明细科目	借方金额										贷方金额										记账
			千	百	十	万	千	百	十	元	角	分	千	百	十	万	千	百	十	元	角	分	
出售受托代销苹果	银行存款						5	0	0	0	0	0											
	受托代销商品	王刚															4	0	0	0	0	0	
	经营收入																1	0	0	0	0	0	
合　计						¥	5	0	0	0	0	0				¥	5	0	0	0	0	0	

附单据 2 张

会计主管　　　　记账　　　　稽核　　　　出纳　　　　制单　李青

当日将4 000元交付给王刚，编制记账凭证，见证3－1－20－2：

◎证3－1－20－2◎

记 账 凭 证

20××年5月25日　　　　记字第020 $\frac{2}{2}$ 号

摘要	总账科目	明细科目	借方金额										贷方金额										记账
			千	百	十	万	千	百	十	元	角	分	千	百	十	万	千	百	十	元	角	分	
交付代销商品款	成员往来	王刚					4	0	0	0	0	0											
	库存现金																4	0	0	0	0	0	
合计						¥	4	0	0	0	0	0				¥	4	0	0	0	0	0	

附单据1张

会计主管　　记账　　稽核　　出纳　　制单 李青

（四）委托代销商品

委托代销商品是指农民专业合作社委托其他单位销售的商品。

为了反映农民专业合作社的委托代销商品情况，应设置“委托代销商品”账户。该账户属于资产类，其借方记录合作社委托代销商品的实际成本，贷方记录合作社结转已销代销商品的实际成本，期末余额在借方，表示合作社尚未售出代销商品的实际成本。“委托代销商品”账户应按照商品的名称或受托方的名称设置明细账，进行明细核算。

> **提示** 村集体经济组织不设置此科目。

委托代销商品有两种核算方式：

1. 支付手续费的方式委托代销商品

这种代销方式有以下特点：第一，代销商品的所有权属于委托方；第二，受托方按委托方规定的价格出售；第三，商品的销售收入为委托方所有，受托方只收取手续费。

这种代销商品的核算基本涉及三项内容：一是合作社发出代销商品时，按实际成本，借记“委托代销商品”账户，贷记“产品物资”账户。二是合作社收到代销清单时，按合同或协议价，借记“应收款”账户，贷记“经营收入”账户。同时按委托代销商品的实际成本结转已销商品的成本，借记“经营支出”账户，贷记“委托代销商品”账户。三是合作社收到代销商品款时，借记“经营支出”（手续费）账户，贷记“应收款”账户，两者之间的差额，借记“银行存款”等账户。

【例3－1－21】

某水果业生产合作社委托华联超市代销苹果1 000千克，协议价每千克4元，成本价每千克3元，手续费按协议价的10%支付，款项销售后结清。

（1）5月25日，发出1000千克苹果，按成本价编制记账凭证，见证3-1-21-1：

◎证3-1-21-1◎

记 账 凭 证

20××年5月25日　　　　记字第021 $\frac{1}{4}$号

摘　要	总账科目	明细科目	借方金额										贷方金额										记账
			千	百	十	万	千	百	十	元	角	分	千	百	十	万	千	百	十	元	角	分	
发出苹果委托代销	委托代销商品	华联超市					3	0	0	0	0	0											
	产品物资	苹果															3	0	0	0	0	0	
合　计						¥	3	0	0	0	0	0				¥	3	0	0	0	0	0	

附单据1张

会计主管　　记账　　稽核　　出纳　　制单 李青

（2）5月27日，收到代销清单时，按协议价编制记账凭证，见证3-1-21-2：

◎证3-1-21-2◎

记 账 凭 证

20××年5月27日　　　　记字第021 $\frac{2}{4}$号

摘　要	总账科目	明细科目	借方金额										贷方金额										记账
			千	百	十	万	千	百	十	元	角	分	千	百	十	万	千	百	十	元	角	分	
收到委托代销清单	应收款	华联超市					4	0	0	0	0	0											
	经营收入																4	0	0	0	0	0	
合　计						¥	4	0	0	0	0	0				¥	4	0	0	0	0	0	

附单据1张

会计主管　　记账　　稽核　　出纳　　制单 李青

同时结转成本，编制记账凭证，见证3-1-21-3：

◎证 3－1－21－3◎

记 账 凭 证

20××年5月27日　　　　记字第021 $\frac{3}{4}$ 号

摘　要	总账科目	明细科目	借方金额										贷方金额										记账
			千	百	十	万	千	百	十	元	角	分	千	百	十	万	千	百	十	元	角	分	
结转销售成本	经营支出						3	0	0	0	0	0											
	委托代销商品	华联超市															3	0	0	0	0	0	
合　计						¥	3	0	0	0	0	0				¥	3	0	0	0	0	0	

附单据0张

会计主管　　记账　　稽核　　出纳　　制单 李青

(3) 5月28日，收到销货款，同时抵付手续费，编制记账凭证，见证3－1－21－4：

◎证 3－1－21－4◎

记 账 凭 证

20××年5月28日　　　　记字第021 $\frac{4}{4}$ 号

摘　要	总账科目	明细科目	借方金额										贷方金额										记账
			千	百	十	万	千	百	十	元	角	分	千	百	十	万	千	百	十	元	角	分	
收到销货款	银行存款						3	6	0	0	0	0											
抵付手续费	经营支出							4	0	0	0	0											
	应收款	华联超市															4	0	0	0	0	0	
合　计						¥	4	0	0	0	0	0				¥	4	0	0	0	0	0	

附单据2张

会计主管　　记账　　稽核　　出纳　　制单 李青

2. 视同买断方式委托代销商品

这种代销方式有以下特点：第一，代销商品的所有权属于受托方；第二，受托方可以自定价格出售；第三，商品的销售收入为受托方所有，委托方按协议价收回货款。

这种代销商品的核算基本涉及三项内容：一是合作社发出代销商品时，按实际成本，借记“委托代销商品”账户，贷记“产品物资”账户。二是合作社收到代销清单时，按合同或协议价，借记“应收款”账户，贷记“经营收入”账户。同时按委托代销商品的实际成本结转已销商品的成本，借记“经营支出”账户，贷记“委托代销商品”账户。三是合作社收到代销商品款时，借记“银行存款”等账户，贷记“应收款”账户。

【例 3-1-22】

某水果业生产合作社委托华联超市代销苹果 1 000 千克，协议价每千克 4 元，成本价每千克 3 元，款项销售后结清。

（1）5 月 28 日，发出 1 000 千克苹果，按成本价编制记账凭证，见证 3-1-22-1：

◎证 3-1-22-1◎

记 账 凭 证

20××年 5 月 28 日　　　　记字第 022 $\frac{1}{4}$ 号

摘　要	总账科目	明细科目	借方金额										贷方金额										记账
			千	百	十	万	千	百	十	元	角	分	千	百	十	万	千	百	十	元	角	分	
发出苹果委托代销	委托代销商品	华联超市					3	0	0	0	0	0											
	产品物资	苹果															3	0	0	0	0	0	
合　计						¥	3	0	0	0	0	0				¥	3	0	0	0	0	0	

附单据 1 张

会计主管　　记账　　稽核　　出纳　　制单 李青

（2）5 月 30 日，收到代销清单时，按协议价编制记账凭证，见证 3-1-22-2：

◎证 3-1-22-2◎

记 账 凭 证

20××年 5 月 30 日　　　　记字第 022 $\frac{2}{4}$ 号

摘　要	总账科目	明细科目	借方金额										贷方金额										记账
			千	百	十	万	千	百	十	元	角	分	千	百	十	万	千	百	十	元	角	分	
收到委托代销清单	应收款	华联超市					4	0	0	0	0	0											
	经营收入																4	0	0	0	0	0	
合　计						¥	4	0	0	0	0	0				¥	4	0	0	0	0	0	

附单据 1 张

会计主管　　记账　　稽核　　出纳　　制单 李青

同时结转成本，编制记账凭证，见证 3-1-22-3：

◎证 3-1-22-3◎

记 账 凭 证

20××年 5 月 30 日　　　　记字第 022 $\frac{3}{4}$ 号

摘要	总账科目	明细科目	借方金额										贷方金额										记账
			千	百	十	万	千	百	十	元	角	分	千	百	十	万	千	百	十	元	角	分	
结转销售成本	经营支出						3	0	0	0	0	0											
	委托代销商品	华联超市															3	0	0	0	0	0	
合　计						¥	3	0	0	0	0	0				¥	3	0	0	0	0	0	

附单据 0 张

会计主管　　　记账　　　稽核　　　出纳　　　制单 李青

(3) 5 月 31 日，收到销货款，编制记账凭证，见证 3-1-22-4：

◎证 3-1-22-4◎

记 账 凭 证

20××年 5 月 31 日　　　　记字第 022 $\frac{4}{4}$ 号

摘要	总账科目	明细科目	借方金额										贷方金额										记账
			千	百	十	万	千	百	十	元	角	分	千	百	十	万	千	百	十	元	角	分	
收到销货款	银行存款						4	0	0	0	0	0											
	应收款	华联超市																					
																	4	0	0	0	0	0	
合　计						¥	4	0	0	0	0	0				¥	4	0	0	0	0	0	

附单据 2 张

会计主管　　　记账　　　稽核　　　出纳　　　制单 李青

任务二　农业资产的核算

学习目标

1. 掌握牲畜（禽）资产的增加、减少的核算；
2. 掌握牲畜（禽）资产的饲养、转换和摊销的核算；
3. 掌握经济林木增加、减少、摊销和培植的核算。

知识储备

农业资产是指具有生命特征的生物资产。农民专业合作社的农业资产包括牲畜（禽）资产、林木资产等。

一、农业资产的计价基础

农民专业合作社农业资产的价值构成与其他资产的价值构成有明显差别，主要表现为在生物的成长期间增加农业资产价值。农业资产一般按以下三种方法计价：

1. 原始价值

指购入农业资产的买价及相关税费的总额，是实际发生并有支付凭证的支出。如果是自产幼畜，则为相关期间的生产成本。

2. 饲养价值和培植价值

饲养价值是指幼畜及育肥畜成龄前发生的饲养费用；培植价值是指经济林木投产前及非经济林木郁闭前发生的培植费用。

3. 摊余价值

指农业资产的原始价值加饲养价值或培植价值减去农业资产累计摊销后的余额。摊余价值反映农业资产的现有价值。

二、农业资产计价原则

农业资产具有特殊的生物性，其价值随着生物的出生、成长、衰老、死亡等自然规律和生产经营活动不断变化。适应这一特点，《农民专业合作社财务会计制度（试行）》规定了农业资产的以下计价原则：

（1）购入的农业资产按照买价及相关的税费等计价；

（2）幼畜及育肥畜的饲养费用、经济林木投产前的培植费用和非经济林木郁闭前的培植费用按实际成本计价；

（3）产役畜、经济林木投产后，应将其成本扣除预计净残值后的部分，在其正常生产周期内按直线法分期摊销，预计净残值率按照其成本的5%确定；

（4）已提足折耗但未处理仍然继续使用的产役畜、经济林木不再摊销；

（5）农业资产死亡毁损时，按规定程序批准后，根据实际成本扣除应由责任人或者保险公司赔偿的金额后的余额，计入其他支出。

三、牲畜（禽）资产

牲畜（禽）资产是指农民专业合作社的动物资产，主要包括幼畜及育肥畜、产畜及役畜（包括水产养殖）等。

为了反映农民专业合作社的牲畜（禽）资产情况，应设置“牲畜（禽）资产”账户。该账户属于资产类，其借方记录合作社增加牲畜（禽）资产的成本和发生的幼畜及育肥畜的饲养费用，贷方记录合作社减少牲畜（禽）资产的成本，以及产畜及役畜的摊销成本，期末余额在借方，表示合作社牲畜（禽）资产的账面余额。“牲畜（禽）资产”账户应按“幼畜及育肥畜”“产役畜”设置明细账，进行明细核算。

（一）牲畜（禽）资产增加的核算

牲畜（禽）资产增加的途径有外购、自产自繁、成员投入、政府无偿拨给和接受捐赠等。

1. 购入牲畜（禽）资产的核算

农民专业合作社购入幼畜及育肥畜时，按购买价及相关税费，借记“牲畜（禽）资产”，相应地贷记“库存现金”“银行存款”“应付款”等账户。

【例3-2-1】

20××年6月4日，某养殖专业合作社从甲养殖场购入仔猪100只，价款3 000元，开出转账支票一张。编制记账凭证，见证3-2-1：

◎证3-2-1◎

记 账 凭 证

20××年6月4日　　记字第001号

摘要	总账科目	明细科目	借方金额										贷方金额										记账
			千	百	十	万	千	百	十	元	角	分	千	百	十	万	千	百	十	元	角	分	
采购仔猪	牲畜（禽）资产	幼畜及育肥畜					3	0	0	0	0	0											
	银行存款																3	0	0	0	0	0	
合计						¥	3	0	0	0	0	0				¥	3	0	0	0	0	0	

附单据2张

会计主管　　记账　　稽核　　出纳　　制单 张帆

2. 成员投入牲畜（禽）资产的核算

农民专业合作社成员投入幼畜及育肥畜时，按合同协议价，借记“牲畜（禽）资产”，按成员大会决定的注册资本的份额，贷记“股金”账户，二者之间的差额，贷记“资本公积”账户。

【例 3-2-2】

20××年6月5日，农民王刚加入合作社，向合作社投入新品种仔猪20只，双方协议价8 000元。成员大会决定全部计入注册资本。编制记账凭证，见证3-2-2:

◎证 3-2-2◎

记 账 凭 证

20××年6月5日　　　　记字第002号

摘要	总账科目	明细科目	借方金额										贷方金额										记账
			千	百	十	万	千	百	十	元	角	分	千	百	十	万	千	百	十	元	角	分	
接受成员投入仔猪	牲畜资产	幼畜育肥畜					8	0	0	0	0	0											
	股金	王刚															8	0	0	0	0	0	
合　计						¥	8	0	0	0	0	0				¥	8	0	0	0	0	0	

附单据1张

会计主管　　记账　　稽核　　出纳　　制单 张帆

3. 政府无偿拨给牲畜（禽）资产的核算

农民专业合作社接受政府无偿拨给幼畜及育肥畜时，按拨入价，借记“牲畜（禽）资产”，贷记“专用基金—政府直接补助”账户。

【例 3-2-3】

20××年6月7日，某养殖专业合作社接受政府直接拨入新品种种猪2只，价款10 000元。编制记账凭证，见证3-2-3:

◎证 3-2-3◎

记 账 凭 证

20××年6月7日　　　　记字第003号

摘要	总账科目	明细科目	借方金额										贷方金额										记账
			千	百	十	万	千	百	十	元	角	分	千	百	十	万	千	百	十	元	角	分	
政府拨入种猪2只	牲畜资产	产役畜				1	0	0	0	0	0	0											
	专用基金	政府直接补助														1	0	0	0	0	0	0	
合　计					¥	1	0	0	0	0	0	0			¥	1	0	0	0	0	0	0	

附单据1张

会计主管　　记账　　稽核　　出纳　　制单 张帆

4. 自产自繁牲畜（禽）资产的核算

农民专业合作社自产自繁牲畜（禽）资产，按幼畜及育肥畜的饲养成本，借记“牲畜（禽）资产”，贷记“库存现金”等账户。

【例 3-2-4】

20××年6月9日，某养殖专业合作社饲养的母猪产仔猪12只，产期养殖人员的工资1000元，领用饲料1000元，仔猪的防疫费300元，以现金支付。编制记账凭证，见证3-2-4-1：

◎证 3-2-4-1◎

记 账 凭 证

20××年6月9日　　　　　　记字第004 $\frac{1}{2}$ 号

摘要	总账科目	明细科目	借方金额										贷方金额										记账
			千	百	十	万	千	百	十	元	角	分	千	百	十	万	千	百	十	元	角	分	
生产仔猪	牲畜（禽）资产	幼畜及育肥畜						3	0	0	0	0											
	库存现金																	3	0	0	0	0	
合计							¥	3	0	0	0	0					¥	3	0	0	0	0	

附单据 3 张

会计主管　　记账　　稽核　　出纳　　制单 张帆

另外2000元，编制记账凭证，见证3-2-4-2：

◎证 3-2-4-2◎

记 账 凭 证

20××年6月9日　　　　　　记字第004 $\frac{2}{2}$ 号

摘要	总账科目	明细科目	借方金额										贷方金额										记账
			千	百	十	万	千	百	十	元	角	分	千	百	十	万	千	百	十	元	角	分	
工资、饲料费	经营支出						2	0	0	0	0	0											
	产品物资																1	0	0	0	0	0	
	应付工资																1	0	0	0	0	0	
合计						¥	2	0	0	0	0	0				¥	2	0	0	0	0	0	

附单据 2 张

会计主管　　记账　　稽核　　出纳　　制单 张帆

（二）牲畜（禽）饲养费用的核算

牲畜（禽）的饲养包括幼畜及育肥畜的饲养和产役畜的饲养，两者饲养费用的核算不同，幼畜及育肥畜的饲养费用要资本化，增加牲畜（禽）资产价值；而产役畜的饲养费用作为当期费用，记入经营支出。

1. 幼畜及育肥畜饲养费用的核算

幼畜及育肥畜的饲养费用，应借记“牲畜（禽）资产”，相应地贷记“产品物资”“应付工资”等账户。

【例 3-2-5】

20××年 6 月 11 日，某养殖专业合作社饲养的仔猪一批，本月发生养殖人员的工资 2 000 元，饲料费 1 000 元。编制记账凭证，见证 3-2-5：

◎证 3-2-5◎

记 账 凭 证

20××年 6 月 11 日　　　　记字第 005 号

摘要	总账科目	明细科目	借方金额										贷方金额										记账
			千	百	十	万	千	百	十	元	角	分	千	百	十	万	千	百	十	元	角	分	
发生仔猪饲养费用	牲畜资产	幼畜育肥畜					3	0	0	0	0	0											
	产品物资																1	0	0	0	0	0	
	应付工资																2	0	0	0	0	0	
合计						¥	3	0	0	0	0	0				¥	3	0	0	0	0	0	

附单据 2 张

会计主管　　记账　　稽核　　出纳　　制单 张帆

2. 产役畜饲养费用的核算

产役畜的饲养费用不再计入牲畜（禽）资产的成本，而应借记“经营支出”，相应地贷记“产品物资”“应付工资”等账户。

【例 3-2-6】

20××年，某养殖专业合作社饲养产役畜一批，6 月发生养殖人员的工资 2 000 元，饲料费 5 000 元。6 月 14 日编制记账凭证，见证 3-2-6：

◎证 3-2-6◎

记 账 凭 证

20××年 6 月 14 日　　　　记字第 006 号

摘要	总账科目	明细科目	借方金额										贷方金额										记账
			千	百	十	万	千	百	十	元	角	分	千	百	十	万	千	百	十	元	角	分	
发生产役畜饲养费用	经营支出						7	0	0	0	0	0											
	产品物资																5	0	0	0	0	0	
	应付工资																2	0	0	0	0	0	
合　计						¥	7	0	0	0	0	0				¥	7	0	0	0	0	0	

附单据 2 张

会计主管　　记账　　稽核　　出纳　　制单 张帆

（三）牲畜（禽）资产转换的核算

牲畜（禽）资产转换涉及幼畜成龄转作产役畜。幼畜成龄转作产役畜需要账务处理，按实际成本借记“牲畜（禽）资产——产役畜”，相应地贷记“牲畜（禽）资产——幼畜及育肥畜”账户。

【例 3-2-7】

20××年 6 月 15 日，某养殖专业合作社饲养的仔猪成龄转作母猪，仔猪饲养期间共发生各项费用 50 000 元。编制记账凭证，见证 3-2-7：

◎证 3-2-7◎

记 账 凭 证

20××年 6 月 15 日　　　　记字第 007 号

摘要	总账科目	明细科目	借方金额										贷方金额										记账
			千	百	十	万	千	百	十	元	角	分	千	百	十	万	千	百	十	元	角	分	
仔猪成龄	牲畜（禽）资产	产役畜				5	0	0	0	0	0	0											
	牲畜（禽）资产	幼畜及育肥畜														5	0	0	0	0	0	0	
合　计					¥	5	0	0	0	0	0	0			¥	5	0	0	0	0	0	0	

附单据 1 张

会计主管　　记账　　稽核　　出纳　　制单 张帆

（四）产役畜成本摊销的核算

农民专业合作社的产役畜摊销就是将产役畜的实际成本，扣除预计净残值后的部分，在其正常生产周期内按直线法摊销，预计净残值率为5%。摊销的价值记入“经营支出”的借方，并直接冲减牲畜（禽）资产的账面余额。

【例3-2-8】

20××年6月，某养殖专业合作社从本月开始摊销母猪的成本，母猪的实际成本为6000元，预计可使用10年，净残值率为5%。

母猪成本的月摊销额计算：

每年应摊销的金额＝6000×（1－5%）÷10＝570（元）

每月应摊销的金额＝570÷12＝47.5（元）

6月25日编制记账凭证，见证3-2-8：

◎证3-2-8◎

记 账 凭 证

20××年6月25日　　　　记字第008号

摘要	总账科目	明细科目	借方金额										贷方金额										记账
			千	百	十	万	千	百	十	元	角	分	千	百	十	万	千	百	十	元	角	分	
本月摊销母猪成本	经营支出								4	7	5	0											
	牲畜（禽）资产	产役畜																	4	7	5	0	
合计								¥	4	7	5	0						¥	4	7	5	0	

附单据1张

会计主管　　记账　　稽核　　出纳　　制单 张帆

（五）牲畜（禽）资产减少的核算

牲畜（禽）资产减少主要包括牲畜（禽）资产出售、对外投资、死亡毁损和对外捐赠等。

1. 牲畜（禽）资产出售的核算

农民专业合作社出售牲畜（禽）资产时，按实现的收入，借记“库存现金”“银行存款”或“应收款”等账户，贷记“经营收入”账户。同时按牲畜（禽）资产的实际成本，结转销售成本，借记“经营支出”账户，贷记“牲畜（禽）资产”账户。

【例 3－2－9】

20××年 6 月 26 日，某养殖专业合作社出售一批仔猪，售价 40 000 元，存入银行，该批仔猪的实际成本为 24 000 元。编制记账凭证，见证 3－2－9－1：

◎证 3－2－9－1◎

记 账 凭 证

20××年 6 月 26 日　　　　记字第 009 $\frac{1}{2}$ 号

摘　要	总账科目	明细科目	借方金额										贷方金额										记账
			千	百	十	万	千	百	十	元	角	分	千	百	十	万	千	百	十	元	角	分	
出售仔猪	银行存款					4	0	0	0	0	0	0											
	经营收入															4	0	0	0	0	0	0	
合　计					¥	4	0	0	0	0	0	0			¥	4	0	0	0	0	0	0	

附单据 2 张

会计主管　　　记账　　　稽核　　　出纳　　　制单 张帆

同时按仔猪的实际成本结转成本，编制记账凭证，见证 3－2－9－2：

◎证 3－2－9－2◎

记 账 凭 证

20××年 6 月 26 日　　　　记字第 009 $\frac{2}{2}$ 号

摘　要	总账科目	明细科目	借方金额										贷方金额										记账
			千	百	十	万	千	百	十	元	角	分	千	百	十	万	千	百	十	元	角	分	
结转仔猪成本	经营支出					2	4	0	0	0	0	0											
	牲畜（禽）资产	幼畜及育肥畜														2	4	0	0	0	0	0	
合　计					¥	2	4	0	0	0	0	0			¥	2	4	0	0	0	0	0	

附单据 3 张

会计主管　　　记账　　　稽核　　　出纳　　　制单 张帆

2. 牲畜（禽）资产对外投资的核算

牲畜（禽）资产对外投资时按合同协议价，借记“对外投资”账户，按牲畜（禽）资产的账面价值（或实际成本）贷记“牲畜（禽）资产”账户。合同协议价和账面价值（或实际成本）可能一致，也可能不一致，当两者不一致时，将两者之间的差额借记或贷记“资本公积”账户。

【例 3－2－10】

20××年 6 月 27 日，某养殖专业合作社对甲养殖合作社投资一批仔猪，双方协议价为 50 000 元，该批仔猪的实际成本为 40 000 元。

◆分析　该项业务中，按双方协议价借记“对外投资”账户，按实际成本贷记“牲畜（禽）资产”账户。二者之间有 10 000 元的差额，贷记“资本公积”账户。编制记账凭证，见证 3－2－10：

◎证 3－2－10◎

记　账　凭　证

20××年 6 月 27 日　　　　记字第 010 号

摘　要	总账科目	明细科目	借方金额										贷方金额										记账
			千	百	十	万	千	百	十	元	角	分	千	百	十	万	千	百	十	元	角	分	
以仔猪对外投资	对外投资	甲养殖合作社				5	0	0	0	0	0	0											
	牲畜（禽）资产	幼畜及育肥畜														4	0	0	0	0	0	0	
	资本公积															1	0	0	0	0	0	0	
	合　计				¥	5	0	0	0	0	0	0			¥	5	0	0	0	0	0	0	

附单据 1 张

会计主管　　记账　　稽核　　出纳　　制单 张帆

3. 牲畜（禽）资产死亡毁损的核算

农民专业合作社的牲畜（禽）死亡毁损时，按规定程序报请审批后，按照过失人和保险公司应赔偿的金额，借记“成员往来”“应收款”账户，按牲畜（禽）资产的账面价值（或实际成本）扣除赔偿部分的净损失，借记“其他支出”账户。按牲畜（禽）资产的账面价值贷记“牲畜（禽）资产”账户。

【例 3－2－11】

20××年 6 月 29 日，某养殖专业合作社因饲养人员疏忽，使一头母猪死亡，母猪账面价值为3 600元。按规定保险公司赔偿1 800元，经成员大会批准，由饲养人员赔偿600元。编制记账凭证，见证3－2－11：

◎证3－2－11◎

记 账 凭 证

20××年6月29日　　　　记字第011号

摘要	总账科目	明细科目	借方金额										贷方金额										记账
			千	百	十	万	千	百	十	元	角	分	千	百	十	万	千	百	十	元	角	分	
母猪死亡毁损	应收款	保险公司					1	8	0	0	0	0											
	成员往来	饲养人员						6	0	0	0	0											
	其他支出						1	2	0	0	0	0											
	牲畜（禽）资产	产役畜																					
																	3	6	0	0	0	0	
合计						¥	3	6	0	0	0	0				¥	3	6	0	0	0	0	

附单据1张

会计主管　　　记账　　　稽核　　　出纳　　　制单 张帆

4. 牲畜（禽）资产对外捐赠的核算

农民专业合作社的牲畜（禽）对外捐赠时，牲畜（禽）资产的账面价值，借记“其他支出”账户，贷记“牲畜（禽）资产”账户。

【例3－2－12】

20××年6月30日，某养殖专业合作社经成员大会决定，向灾区捐赠母猪5头，母猪账面价值为5 600元。编制记账凭证，见证3－2－12：

◎证3－2－12◎

记 账 凭 证

20××年6月30日　　　　记字第012号

摘要	总账科目	明细科目	借方金额										贷方金额										记账
			千	百	十	万	千	百	十	元	角	分	千	百	十	万	千	百	十	元	角	分	
向灾区捐赠母猪	其他支出						5	6	0	0	0	0											
	牲畜（禽）资产	产役畜															5	6	0	0	0	0	
合计						¥	5	6	0	0	0	0				¥	5	6	0	0	0	0	

附单据2张

会计主管　　　记账　　　稽核　　　出纳　　　制单 张帆

四、林业资产

林业资产是指农民专业合作社的植物资产，主要包括经济林木和非经济林木。

为了反映农民专业合作社林木资产的情况，合作社应设置“林木资产”账户。该账户属于资产类，其借方记录因购买、营造、成员投资、接受捐赠等原因而增加的林木资产的成本，以及经济林木投产前、非经济林木郁闭前的培植费用，贷方记录因出售、对外投资、死亡毁损等原因而减少的林木资产的成本，以及经济林木成本的摊销。期末余额在借方，表示合作社林木资产的账面余额，“林木资产”账户应设置“经济林木”“非经济林木”两个二级科目，进行明细核算，根据需要也可以设置三级明细科目。

（一）林木资产增加的核算

林木资产增加的途径有外购、自行营造、成员投入、政府无偿拨给和接受无偿捐赠等。

1. 林木资产购入的核算

农民专业合作社购入林木资产时，按购买价及相关税费，借记“林木资产”，相应贷记“库存现金”“银行存款”“应付款”等账户。

【例 3-2-13】

20××年 7 月 2 日，某合作社购入杨树苗 1 000 棵，种植于社内公路两侧，以银行存款支付树苗款 10 000 元，并以现金支付运杂费 800 元。编制记账凭证，见证 3-2-13：

◎证 3-2-13◎

记 账 凭 证

20××年 7 月 2 日　　　　记字第 001 号

摘要	总账科目	明细科目	借方金额										贷方金额										记账
			千	百	十	万	千	百	十	元	角	分	千	百	十	万	千	百	十	元	角	分	
购买杨树苗	林木资产	非经济林木（杨树）				1	0	8	0	0	0	0											
	银行存款															1	0	0	0	0	0	0	
	库存现金																	8	0	0	0	0	
合计					¥	1	0	8	0	0	0	0			¥	1	0	8	0	0	0	0	

附单据 2 张

会计主管　　记账　　稽核　　出纳　　制单 董航

2. 成员投入林木资产的核算

农民专业合作社成员投入林木资产时，按合同协议价，借记“林木资产”，按照成员大会批准的投资者拥有的注册资本的份额计算的金额，贷记“股金”账户，超出的部分贷记“资本公积”账户。

【例 3－2－14】

20××年 7 月 5 日，农民李光明加入合作社，向合作社投入苹果园一片，双方协议价 80 000 元，经过成员大会决定李光明的 70 000 元计入注册资本。编制记账凭证，见证 3－2－14：

◎证 3－2－14◎

记 账 凭 证

20××年 7 月 5 日　　　　记字第 002 号

摘　要	总账科目	明细科目	借方金额										贷方金额										记账
			千	百	十	万	千	百	十	元	角	分	千	百	十	万	千	百	十	元	角	分	
接受投资	林木资产	经济林木（苹果园）				8	0	0	0	0	0	0											
	股金	李光明														7	0	0	0	0	0	0	
	资本公积															1	0	0	0	0	0	0	
合　计					¥	8	0	0	0	0	0	0			¥	8	0	0	0	0	0	0	

附单据 1 张

会计主管　　记账　　稽核　　出纳　　制单 董航

（二）林木资产培植费用和管护费用的核算

1. 经济林木培植费用和管护费用的核算

经济林木投产前，发生的培植费用予以资本化，记入林木资产的成本；经济林木投产后，发生的管护费用予以费用化，记入经营支出。

【例 3－2－15】

20××年 7 月 6 日，某合作社在苹果园投产前，施化肥 4 000 元，领用农药 2 000 元，发生护园人员工资 1 500 元。

◆**分析**　该项业务使合作社经济林木投产前培植费用增加 7 500 元，予以资本化，记入“林木资产”的借方，同时记入“产品物资”和“应付工资”的贷方。编制记账凭证，见证 3－2－15：

◎证 3-2-15◎

记 账 凭 证

20××年7月6日　　　　记字第003号

摘　要	总账科目	明细科目	借方金额										贷方金额										记账
			千	百	十	万	千	百	十	元	角	分	千	百	十	万	千	百	十	元	角	分	
培植费用	林木资产	经济林木（苹果园）					7	5	0	0	0	0											
	产品物资	化肥															4	0	0	0	0	0	
		农药															2	0	0	0	0	0	
	应付工资																1	5	0	0	0	0	
合　计						¥	7	5	0	0	0	0				¥	7	5	0	0	0	0	

附单据3张

会计主管　　记账　　稽核　　出纳　　制单 董航

【例3-2-16】

20××年7月8日，某合作社苹果园投产后，施化肥3 000元，领用农药1 000元，护园人员工资1 500元。

◆**分析**　该项业务使合作社经济林木投产后管护费用增加5 500元，予以费用化，记入"经营支出"的借方，同时记入"产品物资"和"应付工资"贷方。编制记账凭证，见证3-2-16：

◎证 3-2-16◎

记 账 凭 证

20××年7月8日　　　　记字第004号

摘　要	总账科目	明细科目	借方金额										贷方金额										记账
			千	百	十	万	千	百	十	元	角	分	千	百	十	万	千	百	十	元	角	分	
发生苹果园管护费用	经营支出						5	5	0	0	0	0											
	产品物资	化肥															3	0	0	0	0	0	
		农药															1	0	0	0	0	0	
	应付工资																1	5	0	0	0	0	
合　计						¥	5	5	0	0	0	0				¥	5	5	0	0	0	0	

附单据3张

会计主管　　记账　　稽核　　出纳　　制单 董航

2. 非经济林木培植费用和管护费用的核算

非经济林木郁闭前，发生的培植费用予以资本化，记入林木资产的成本；非经济林木郁闭后，发生的管护费用予以费用化，记入其他支出。

（三）经济林木资产摊销的核算

农民专业合作社经济林木的摊销就是经济林木投产后，将其实际成本扣除预计残值后的部分，在正常生产周期内按直线法摊销，预计净残值率为5%。摊销的价值记入“经营支出”的借方，并直接冲减林木资产的账面余额。

【例3－2－17】

某合作社的苹果园正常产果，产果前的账面价值是120 000元，预计果园生产周期为10年，预计净残值率为5%。

月摊销额计算：

每年应摊销的金额＝120000×(1－5%)÷10＝11400（元）

每月应摊销的金额＝11400÷12＝950（元）

20××年7月30日编制记账凭证，见证3－2－17：

◎证3－2－17◎

记 账 凭 证

20××年7月30日　　　　记字第007号

摘要	总账科目	明细科目	借方金额										贷方金额										记账
			千	百	十	万	千	百	十	元	角	分	千	百	十	万	千	百	十	元	角	分	
经济林木摊销	经营支出							9	5	0	0	0											
	林木资产	经济林木（苹果园）																9	5	0	0	0	
合计							¥	9	5	0	0	0					¥	9	5	0	0	0	

附单据0张

会计主管　　记账　　稽核　　出纳　　制单 董航

（四）林木资产减少的核算

林木资产减少主要包括林木资产出售、对外投资、死亡毁损和对外捐赠等。林木资产减少的核算和牲畜（禽）资产减少的核算基本相同。

任务三　对外投资的核算

学习目标

1. 掌握对外投资发生的核算；
2. 掌握对外投资实现投资收益的核算；
3. 掌握对外投资收回的核算。

知识储备

对外投资是农民专业合作社将货币资金、实物或无形资产让渡其使用权给其他合作社或单位，从而获得股利、利息，实现资产增值的行为。

为了反映农民专业合作社对外投资情况，应设置“对外投资”账户进行核算。该账户属于资产类，其借方记录合作社对外投资的投资成本，贷方记录合作社收回的投资成本，期末余额在借方，表示合作社尚未收回对外投资的投资成本。“对外投资”账户应按照投资的种类或被投资人的名称设置明细账，进行明细核算。

一、对外投资的发生

农民专业合作社以货币资金、实物等方式对外投资时，按照实际支付的价款或合同协议价，借记“对外投资”，相应地贷记“林木资产”“银行存款”“产品物资”“无形资产”“资本公积”等账户。

【例 3-3-1】

20××年6月16日，某水果业生产合作社向A合作社投资50 000元，期限2年。编制记账凭证，见证3-3-1：

◎证 3-3-1◎

记　账　凭　证

20××年6月16日　　　　记字第　　号

摘　要	总账科目	明细科目	借方金额 千	百	十	万	千	百	十	元	角	分	贷方金额 千	百	十	万	千	百	十	元	角	分	记账
向A合作社投资	对外投资	A合作社				5	0	0	0	0	0	0											
	银行存款															5	0	0	0	0	0	
合　计					¥	5	0	0	0	0	0	0			¥	5	0	0	0	0	0	0	

附单据1张

会计主管　　记账　　稽核　　出纳　　制单 林晓阳

【例 3-3-2】

20××年 8 月 20 日，某水果业生产合作社以一片苹果园对 B 合作社进行投资，双方合同价为 100 000 元，期限 4 年。该片果园的账面价值是 90 000 元。

◆分析　该项业务使合作社对外投资增加，按合同价记入“对外投资”的借方，同时林业资产减少，按账面价值记入“林业资产”贷方，二者之间的差额记入“资本公积”的贷方。编制记账凭证，见证 3-3-2：

◎证 3-3-2◎

记　账　凭　证

20××年 8 月 20 日　　　　记字第　　号

摘　要	总账科目	明细科目	借方金额										贷方金额										记账
			千	百	十	万	千	百	十	元	角	分	千	百	十	万	千	百	十	元	角	分	
向B合作社投资	对外投资	B合作社			1	0	0	0	0	0	0	0											
	林木资产	经济林木（苹果园）														9	0	0	0	0	0	0	
	资本公积															1	0	0	0	0	0	0	
合　计				¥	1	0	0	0	0	0	0	0		¥	1	0	0	0	0	0	0	0	

附单据 1 张

会计主管　　　记账　　　稽核　　　出纳　　　制单　林晓阳

二、对外投资发生投资收益

当被投资单位宣告分配现金股利或利润时，借记“应收款”等账户，相应地贷记“投资收益”账户；实际收到现金股利或利润时，借记“银行存款”等账户，相应地贷记“应收款”账户。

【例 3-3-3】

承【例 3-3-2】，B 合作社当年年末宣告发放利润，该水果业生产合作社应分得 10 000元，B 合作社于当日开出转账支票支付利润。编制记账凭证，见证 3-3-3-1：

◎证 3-3-3-1◎

记 账 凭 证

20××年12月31日　　　　　　　　　　　记字第　　号

摘要	总账科目	明细科目	借方金额										贷方金额										记账
			千	百	十	万	千	百	十	元	角	分	千	百	十	万	千	百	十	元	角	分	
应收B合作社利润	应收款	B合作社				1	0	0	0	0	0	0											
	投资收益															1	0	0	0	0	0	0	
合计					¥	1	0	0	0	0	0	0			¥	1	0	0	0	0	0	0	

附单据1张

会计主管　　　　记账　　　　稽核　　　　出纳　　　　制单 林晓阳

同时编制记账凭证，见证3-3-3-2:

◎证 3-3-3-2◎

记 账 凭 证

20××年12月31日　　　　　　　　　　　记字第　　号

摘要	总账科目	明细科目	借方金额										贷方金额										记账
			千	百	十	万	千	百	十	元	角	分	千	百	十	万	千	百	十	元	角	分	
收到B合作社发放利润	银行存款					1	0	0	0	0	0	0											
	应收款	B合作社														1	0	0	0	0	0	0	
合计					¥	1	0	0	0	0	0	0			¥	1	0	0	0	0	0	0	

附单据1张

会计主管　　　　记账　　　　稽核　　　　出纳　　　　制单 林晓阳

任务四 固定资产的核算

学习目标

1. 掌握固定资产增加的核算；
2. 掌握固定资产减少的核算；
3. 掌握固定资产折旧的核算。

知识储备

农民专业合作社的房屋、建筑物、机器、设备、工具、器具、农业基本设施等，凡使用年限在1年以上、单位价值在500元以上的列为固定资产。有些主要生产工具和设备的单位价值虽然低于规定标准，但使用年限在1年以上的，也可列为固定资产。

一、固定资产增加的核算

固定资产增加的途径有外购、自行建造、成员投入、政府无偿拨给、接受无偿捐赠和盘盈等。

为了反映农民专业合作社固定资产的增加、减少和结存情况，应设置“固定资产”账户进行核算。该账户属于资产类，其借方记录固定资产增加的历史成本，贷方记录合作社减少的固定资产的历史成本，期末余额在借方，表示合作社固定资产的历史成本。“固定资产”账户应按照固定资产的类别、使用部门或固定资产的名称设置明细账，进行明细核算。

（一）固定资产购入的核算

合作社购入不需要安装的固定资产，按买价加上采购费用（包括包装费、运杂费、保险费和相关税费等），借记“固定资产”账户，贷记“银行存款”等账户。购入需要安装的固定资产，先借记“在建工程”账户，待安装完毕交付使用后，按安装成本借记“固定资产”账户，贷记“在建工程”账户。

【例3-4-1】

20××年7月15日，某蔬菜生产合作社购买一辆小货车，买价70 000元，支付保险费和车辆购置税7 950元。编制记账凭证，见证3-4-1：

◎证 3-4-1◎

记 账 凭 证

20××年7月15日　　　　　　记字第　　号

摘要	总账科目	明细科目	借方金额										贷方金额										记账
			千	百	十	万	千	百	十	元	角	分	千	百	十	万	千	百	十	元	角	分	
购买货车	固定资产	货车				7	7	9	5	0	0	0											
	银行存款															7	7	9	5	0	0	0	
合计					¥	7	7	9	5	0	0	0			¥	7	7	9	5	0	0	0	

附单据 4 张

会计主管　　　　记账　　　　稽核　　　　出纳　　　　制单 丛志强

【例 3-4-2】

20××年8月6日，某蔬菜生产合作社购买需要安装的大型水泵一台，买价8 000元，以银行存款支付。以现金支付运杂费500元。编制记账凭证，见证3-4-2：

◎证 3-4-2◎

记 账 凭 证

20××年8月6日　　　　　　记字第　　号

摘要	总账科目	明细科目	借方金额										贷方金额										记账
			千	百	十	万	千	百	十	元	角	分	千	百	十	万	千	百	十	元	角	分	
购买水泵	在建工程	水泵					8	5	0	0	0	0											
	银行存款																8	0	0	0	0	0	
	库存现金																	5	0	0	0	0	
合计						¥	8	5	0	0	0	0				¥	8	5	0	0	0	0	

附单据 3 张

会计主管　　　　记账　　　　稽核　　　　出纳　　　　制单 丛志强

（二）固定资产自行建造（包括新建、改建和扩建）的核算

合作社购入自行建造的固定资产，应设置“在建工程”账户，用来记录合作社在自行建造固定资产的过程中的各项实际支出。工程达到预计可使用状态以后，再从“在建工程”账户的贷方，转入“固定资产”账户的借方。合作社的自建工程有两种方式，即自营和出包工程。两种方式的核算内容不同：

1. 自营方式建造（包括新建、改建和扩建）固定资产的核算

自营方式建造固定资产是指合作社自行组织工程物资的采购、自行组织施工人员的建筑工程和安装工程。

自营方式新建固定资产购入工程物资时，借记“产品物资”账户，贷记“银行存款”等账户；工程领用时，借记“在建工程”账户，贷记“产品物资”账户；发生人工等其他费用时，借记“在建工程”账户，贷记“应付工资”等账户；工程结束交付使用时，借记“固定资产”账户，贷记“在建工程”账户。

【例 3-4-3】

某蔬菜生产合作社自行建造蔬菜大棚，购买建筑用水泥、钢筋等材料 200 000 元，以银行存款支付。领用建筑材料 200 000 元，发生人工费 50 000 元，水电费 2 000 元。3 个月后工程完工交付使用。

（1）20××年 7 月 3 日，购买建筑材料。编制记账凭证，见证 3-4-3-1：

◎证 3-4-3-1◎

记 账 凭 证

20××年 7 月 3 日　　　　　　记字第　　号

摘要	总账科目	明细科目	借方金额										贷方金额										记账
			千	百	十	万	千	百	十	元	角	分	千	百	十	万	千	百	十	元	角	分	
购买建筑材料	产品物资	建筑材料			2	0	0	0	0	0	0	0											
	银行存款														2	0	0	0	0	0	0	0	
合　计				¥	2	0	0	0	0	0	0	0		¥	2	0	0	0	0	0	0	0	

附单据 2 张

会计主管　　记账　　稽核　　出纳　　制单 丛志强

（2）7 月 5 日，工程领用建筑材料。编制记账凭证，见证 3-4-3-2：

◎证 3－4－3－2◎

记 账 凭 证

20××年 7月 5日　　　　记字第　　号

摘要	总账科目	明细科目	借方金额										贷方金额										记账
			千	百	十	万	千	百	十	元	角	分	千	百	十	万	千	百	十	元	角	分	
领用建筑材料	在建工程	蔬菜大棚			2	0	0	0	0	0	0	0											
	产品物资	建筑材料													2	0	0	0	0	0	0	0	
合计				¥	2	0	0	0	0	0	0	0		¥	2	0	0	0	0	0	0	0	

附单据 1 张

会计主管　　记账　　稽核　　出纳　　制单 丛志强

(3) 9月20日，发生人工费和水电费。编制记账凭证，见证3－4－3－3：

◎证 3－4－3－3◎

记 账 凭 证

20××年 9月 20日　　　　记字第　　号

摘要	总账科目	明细科目	借方金额										贷方金额										记账
			千	百	十	万	千	百	十	元	角	分	千	百	十	万	千	百	十	元	角	分	
人工费和水电费	在建工程	蔬菜大棚				5	2	0	0	0	0	0											
	应付工资															5	0	0	0	0	0	0	
	银行存款																2	0	0	0	0	0	
合计					¥	5	2	0	0	0	0	0			¥	5	2	0	0	0	0	0	

附单据 2 张

会计主管　　记账　　稽核　　出纳　　制单 丛志强

(4) 10月25日，工程结束交付使用，工程成本＝200000＋52000＝252000（元）。编制记账凭证，见证3－4－3－4：

◎证 3-4-3-4◎

记账凭证

20××年10月25日　　　　记字第　　号

摘要	总账科目	明细科目	借方金额										贷方金额										记账
			千	百	十	万	千	百	十	元	角	分	千	百	十	万	千	百	十	元	角	分	
工程结束交付使用	固定资产	蔬菜大棚			2	5	2	0	0	0	0	0											
	在建工程	蔬菜大棚													2	5	2	0	0	0	0	0	
合计				¥	2	5	2	0	0	0	0	0		¥	2	5	2	0	0	0	0	0	

附单据 1 张

会计主管　　记账　　稽核　　出纳　　制单 丛志强

自营方式改建或扩建固定资产时，首先将改建或扩建的固定资产的净值转入在建工程，借记“在建工程”“累计折旧”账户，贷记“固定资产”；发生的拆除费用，借记“在建工程”账户，贷记“库存现金”等账户；拆除固定资产的残料，借记“产品物资”账户，贷记“在建工程”账户；购入工程物资时，借记“产品物资”账户，贷记“银行存款”等账户；工程领用时，借记“在建工程”账户，贷记“产品物资”账户；发生人工等其他费用时，借记“在建工程”账户，贷记“应付工资”等账户；工程结束交付使用时，借记“固定资产”账户，贷记“在建工程”账户。

2. 出包方式建造（包括新建、改建和扩建）固定资产的核算

出包方式建造（包括新建、改建和扩建）固定资产是指合作社通过招标等方式将工程发包给建筑承包商，由建筑承包商组织施工的建筑工程和安装工程等。在这种方式下，“在建工程”账户主要反映合作社与承包商办理工程价款的结算情况。按合同规定合作社向承包商预付工程款时，借记“在建工程”账户，贷记“银行存款”等账户；工程结束与承包商办理工程结算，补付工程款时，借记“在建工程”账户，贷记“银行存款”“应付款”等账户；交付使用时，借记“固定资产”账户，贷记“在建工程”账户。

【例 3-4-4】

某蔬菜生产合作社新建蔬菜大棚，将工程交给某工程队。合同规定工程款分两次支付。工程开始时预付全部工程款 200 000 元的 60%，工程验收合格结清剩余款项。

(1) 预付工程款。编制记账凭证，见证 3-4-4-1：

◎证 3－4－4－1◎

记 账 凭 证

20××年 10 月 27 日　　　　记字第　　号

摘　要	总账科目	明细科目	借方金额										贷方金额										记账
			千	百	十	万	千	百	十	元	角	分	千	百	十	万	千	百	十	元	角	分	
预付工程款	在建工程	发包工程（蔬菜大棚）			1	2	0	0	0	0	0	0											
	银行存款														1	2	0	0	0	0	0	0	
合　计				¥	1	2	0	0	0	0	0	0		¥	1	2	0	0	0	0	0	0	

附单据 2 张

会计主管　　记账　　稽核　　出纳　　制单 丛志强

（2）验收合格，支付尾款。编制记账凭证，见证 3－4－4－2：

◎证 3－4－4－2◎

记 账 凭 证

20××年 12 月 20 日　　　　记字第　　号

摘　要	总账科目	明细科目	借方金额										贷方金额										记账
			千	百	十	万	千	百	十	元	角	分	千	百	十	万	千	百	十	元	角	分	
工程尾款	在建工程	发包工程（蔬菜大棚）				8	0	0	0	0	0	0											
	银行存款															8	0	0	0	0	0	0	
合　计					¥	8	0	0	0	0	0	0			¥	8	0	0	0	0	0	0	

附单据 2 张

会计主管　　记账　　稽核　　出纳　　制单 丛志强

（3）工程交付使用。编制记账凭证，见证 3－4－4－3：

◎证 3-4-4-3◎

记 账 凭 证

20××年12月27日　　　　　　记字第　　号

摘　要	总账科目	明细科目	借方金额										贷方金额										记账
			千	百	十	万	千	百	十	元	角	分	千	百	十	万	千	百	十	元	角	分	
工程支付使用	固定资产	蔬菜大棚			2	0	0	0	0	0	0	0											
	在建工程	发包工程（蔬菜大棚）													2	0	0	0	0	0	0	0	
合　计				¥	2	0	0	0	0	0	0	0		¥	2	0	0	0	0	0	0	0	

附单据 1 张

会计主管　　　记账　　　稽核　　　出纳　　　制单 丛志强

（三）投资者投入固定资产的核算

农民专业合作社成员投入固定资产时，按合同协议价，借记“固定资产”，按照成员大会或成员代表大会批准的投资者拥有的注册资本的份额，贷记“股金”账户，超出的部分贷记“资本公积”账户，村集体经济组织贷记“公积公益金”账户。

【例 3-4-5】

20××年7月18日，农民李骑加入合作社，投入旧的小型货车一辆，双方协议价40 000元。经批准李骑拥有30 000元的注册资本。编制记账凭证，见证3-4-5：

◎证 3-4-5◎

记 账 凭 证

20××年7月18日　　　　　　记字第　　号

摘　要	总账科目	明细科目	借方金额										贷方金额										记账
			千	百	十	万	千	百	十	元	角	分	千	百	十	万	千	百	十	元	角	分	
李骑投入货车	固定资产	货车				4	0	0	0	0	0	0											
	股金	李骑														3	0	0	0	0	0	0	
	资本公积															1	0	0	0	0	0	0	
合　计					¥	4	0	0	0	0	0	0			¥	4	0	0	0	0	0	0	

附单据 2 张

会计主管　　　记账　　　稽核　　　出纳　　　制单 丛志强

（四）接受国家直接补助（或捐赠）资产的核算

农民专业合作社接受政府无偿拨给全新固定资产时，按所附发票所列的金额，加上应支付的相关税费，借记“固定资产”，相应地贷记“专用基金”等账户；如果未附发票，则按市价或同类、类似商品的市场价格，加上合作社支付的运杂费和安装费等，借记“固定资产”，相应地贷记“专用基金”等账户。农民专业合作社接受政府无偿拨给旧固定资产时，按评估价或拨入价，借记“固定资产”，相应地贷记“专用基金”等账户，村集体经济组织贷记“公积公益金”账户。

【例 3-4-6】

20××年 8 月 5 日，某蔬菜生产合作社接受县农业局拨入的大型水泵一台，发票价值 30 000 元，安装时以现金支付 800 元的安装费。编制记账凭证，见证 3-4-6：

◎证 3-4-6◎

记 账 凭 证

20××年 8 月 5 日　　　　记字第　　号

摘　要	总账科目	明细科目	借方金额										贷方金额										记账
			千	百	十	万	千	百	十	元	角	分	千	百	十	万	千	百	十	元	角	分	
农业局拨入水泵	固定资产	水泵				3	0	8	0	0	0	0											
	专用基金	政府直接补助														3	0	0	0	0	0	0	
	库存现金																	8	0	0	0	0	
合　计					¥	3	0	8	0	0	0	0			¥	3	0	8	0	0	0	0	

附单据 3 张

会计主管　　记账　　稽核　　出纳　　制单 丛志强

二、固定资产减少的核算

固定资产减少的途径有出售、对外投资、盘亏、无偿捐赠和报废毁损等。

（一）固定资产的出售、报废和毁损的核算

固定资产的出售、报废和毁损统称为固定资产的清理（处置）。

为了反映农民专业合作社固定资产清理的情况，应设置“固定资产清理”账户进行核算。该账户属于资产类，其借方记录出售、报废和毁损的固定资产的净值、清理费用和结转的清理净收益，贷方记录合作社转入固定资产的清理收入和结转的清理净损失。期末余额在借方，表示合作社尚未清理完毕的清理损失，期末余额在贷方，表示合作社尚未清理完毕的清理收益。“固定资产清理”账户应按照固定资产的名称设置明细账，进行明细核算。

【例 3-4-7】

20××年8月21日，某蔬菜生产合作社将不需要的发电机以3 000元出售，账面原值5 000元，已提折旧3 000元。

（1）结转处置固定资产的净值（5000－3000＝2000）。编制记账凭证，见证3-4-7-1：

◎证 3-4-7-1◎

记 账 凭 证

20××年8月21日　　　　记字第　　号

摘要	总账科目	明细科目	借方金额										贷方金额										记账
			千	百	十	万	千	百	十	元	角	分	千	百	十	万	千	百	十	元	角	分	
出售发电机	固定资产清理	发电机					2	0	0	0	0	0											
	累计折旧						3	0	0	0	0	0											
	固定资产	发电机															5	0	0	0	0	0	
合　计						¥	5	0	0	0	0	0				¥	5	0	0	0	0	0	

附单据1张

会计主管　　记账　　稽核　　出纳　　制单 丛志强

（2）取得出售收入。编制记账凭证，见证3-4-7-2：

◎证 3-4-7-2◎

记 账 凭 证

20××年8月21日　　　　记字第　　号

摘要	总账科目	明细科目	借方金额										贷方金额										记账
			千	百	十	万	千	百	十	元	角	分	千	百	十	万	千	百	十	元	角	分	
取得出售收入	银行存款						3	0	0	0	0	0											
	固定资产清理	发电机															3	0	0	0	0	0	
合　计						¥	3	0	0	0	0	0				¥	3	0	0	0	0	0	

附单据1张

会计主管　　记账　　稽核　　出纳　　制单 丛志强

（3）结转清理净收益。清理完毕“固定资产清理”账户，借方发生额是2 000元，贷方发生额是3 000元，所以是清理净收益。编制记账凭证，见证3-4-7-3：

◎证3-4-7-3◎

记 账 凭 证

20××年8月25日　　　　记字第　　号

摘　要	总账科目	明细科目	借方金额										贷方金额										记账
			千	百	十	万	千	百	十	元	角	分	千	百	十	万	千	百	十	元	角	分	
结转清理净收益	固定资产清理	发电机					1	0	0	0	0	0											
	其他收入																1	0	0	0	0	0	
合　计						¥	1	0	0	0	0	0				¥	1	0	0	0	0	0	

附单据0张

会计主管　　记账　　稽核　　出纳　　制单 丛志强

【例3-4-8】

20××年8月26日，某蔬菜生产合作社发生火灾，烧毁房屋四间，账面原值30 000元，已提折旧11 000元。发生清理费用1 000元，以现金支付。保险公司应赔偿10 000元，责任人是合作社成员张武，应赔偿1 000元，款项未收到。

（1）结转处置固定资产的净值（30000－11000＝19000）。编制记账凭证，见证3-4-8-1：

◎证3-4-8-1◎

记 账 凭 证

20××年8月26日　　　　记字第　　号

摘　要	总账科目	明细科目	借方金额										贷方金额										记账
			千	百	十	万	千	百	十	元	角	分	千	百	十	万	千	百	十	元	角	分	
清理烧毁房屋	固定资产清理	房屋				1	9	0	0	0	0	0											
	累计折旧					1	1	0	0	0	0	0											
	固定资产	房屋														3	0	0	0	0	0	0	
合　计					¥	3	0	0	0	0	0	0			¥	3	0	0	0	0	0	0	

附单据1张

会计主管　　记账　　稽核　　出纳　　制单 丛志强

(2) 发生清理费用。编制记账凭证，见证3-4-8-2：

◎证3-4-8-2◎

记 账 凭 证

20××年8月28日　　　　　　　　　　　　　　记字第　　号

摘　要	总账科目	明细科目	借方金额										贷方金额										记账
			千	百	十	万	千	百	十	元	角	分	千	百	十	万	千	百	十	元	角	分	
发生清理费用	固定资产清理	房屋					1	0	0	0	0	0											
	库存现金																1	0	0	0	0	0	
	合　计					¥	1	0	0	0	0	0				¥	1	0	0	0	0	0	

附单据 1 张

会计主管　　　　记账　　　　稽核　　　　出纳　　　　制单 丛志强

(3) 保险公司和责任人赔偿，编制记账凭证，见证3-4-8-3：

◎证3-4-8-3◎

记 账 凭 证

20××年9月10日　　　　　　　　　　　　　　记字第　　号

摘　要	总账科目	明细科目	借方金额										贷方金额										记账
			千	百	十	万	千	百	十	元	角	分	千	百	十	万	千	百	十	元	角	分	
保险公司赔偿	应收款	保险公司				1	0	0	0	0	0	0											
责任人赔偿	成员往来	张武					1	0	0	0	0	0											
	固定资产清理	房屋														1	1	0	0	0	0	0	
	合　计				¥	1	1	0	0	0	0	0			¥	1	1	0	0	0	0	0	

附单据 1 张

会计主管　　　　记账　　　　稽核　　　　出纳　　　　制单 丛志强

(4) 结转清理净收益。清理完毕“固定资产清理”账户，借方发生额是 20 000 元，贷方发生额是 11 000 元，所以清理净损失是 9 000 元。编制记账凭证，见证 3-4-8-4:

◎证 3-4-8-4◎

记 账 凭 证

20××年 9 月 15 日　　　　记字第　　号

摘要	总账科目	明细科目	借方金额										贷方金额										记账
			千	百	十	万	千	百	十	元	角	分	千	百	十	万	千	百	十	元	角	分	
结转清理净损失	其他支出						9	0	0	0	0	0											
	固定资产清理	房屋															9	0	0	0	0	0	
合　计						¥	9	0	0	0	0	0				¥	9	0	0	0	0	0	

附单据 0 张

会计主管　　记账　　稽核　　出纳　　制单 丛志强

(二) 固定资产对外捐赠的核算

农民专业合作社的固定资产对外捐赠核算与固定资产的出售、报废和毁损的核算相同，也要通过“固定资产清理”账户核算。

(三) 固定资产对外投资的核算

农民专业合作社以固定资产对外投资时，按双方的合同协议价，借记“对外投资”账户，按已提取的固定资产折旧，借记“累计折旧”账户，按固定资产的原值，贷记“固定资产”账户，按借贷方的差额，借记或贷记“资本公积”账户。

【例 3-4-9】

20××年 9 月 4 日，某蔬菜生产合作社以不需用的小货车向星星合作社投资，双方协议价 20 000 元，小货车账面原值 50 000 元，已提折旧 40 000 元。编制记账凭证，见证 3-4-9:

◎证 3-4-9◎

记 账 凭 证

20××年 9 月 4 日　　　　　　　　记字第　　号

摘要	总账科目	明细科目	借方金额										贷方金额										记账
			千	百	十	万	千	百	十	元	角	分	千	百	十	万	千	百	十	元	角	分	
对外投资	对外投资	星星合作社				2	0	0	0	0	0	0											
	累计折旧					4	0	0	0	0	0	0											
	固定资产	小货车														5	0	0	0	0	0	0	
	资本公积															1	0	0	0	0	0	0	
合　计					¥	6	0	0	0	0	0	0			¥	6	0	0	0	0	0	0	

附单据 1 张

会计主管　　记账　　稽核　　出纳　　制单 丛志强

（四）固定资产盘亏的核算

农民专业合作社在财产清查中盘亏的固定资产，应查明原因，经批准做出处理意见，然后财会人员按保险公司和过失人赔偿的部分借记“应收款”“成员往来”账户，按已提取的固定资产折旧，借记“累计折旧”账户，按固定资产的原值，贷记“固定资产”账户，按借贷方的差额，借记或贷记“其他支出”账户。

【例 3-4-10】

20××年 12 月 28 日，某蔬菜生产合作社年末财产清查时，发现少了一台水泵，账面原值 5 000 元，已提折旧 2 000 元。经查明是属于外雇保管人员李林的责任，经研究决定由李林赔偿 2 000 元，款项尚未收到。编制记账凭证，见证 3-4-10：

◎证 3-4-10◎

记 账 凭 证

20××年 12 月 28 日　　　　　　　　记字第　　号

摘要	总账科目	明细科目	借方金额										贷方金额										记账
			千	百	十	万	千	百	十	元	角	分	千	百	十	万	千	百	十	元	角	分	
盘亏一台水泵	应收款	李林					2	0	0	0	0	0											
	累计折旧						2	0	0	0	0	0											
	其他支出						1	0	0	0	0	0											
	固定资产	水泵															5	0	0	0	0	0	
合　计						¥	5	0	0	0	0	0				¥	5	0	0	0	0	0	

附单据 1 张

会计主管　　记账　　稽核　　出纳　　制单 丛志强

三、固定资产折旧的核算

固定资产折旧是固定资产因为磨损和损耗而逐渐减少的价值。这部分减少的价值以折旧费的形式计入相关成本费用，并从合作社的盈余中得到补偿。因此，农民专业合作社也应当在固定资产的使用寿命内，依照一定的方法对应计折旧额（固定资产原值减去预计净残值）进行系统分摊。

（一）计提固定资产折旧的范围

1. 计提固定资产折旧的项目范围

农民专业合作社应计提折旧的固定资产主要包括：房屋和建筑物（无论是否使用）；在用的机械、机器设备、运输车辆、工具器具；季节性停用和大修理停用的固定资产；融资转入的固定资产；经营租出的固定资产。

农民专业合作社不计提折旧的固定资产主要包括：已经提足折旧继续使用的固定资产；提前报废的固定资产；经营租入的固定资产；房屋和建筑物以外的未使用和不需用的固定资产；国家规定不计提折旧的固定资产。

2. 计提固定资产折旧的时间范围

农民专业合作社的固定资产，可以按月、季和年计提折旧，当期增加的固定资产当期不提折旧，从下期开始提取；当期减少的固定资产，当期继续提取折旧，从下月开始，停止提取。

（二）计提固定资产折旧的方法

农民专业合作社计提固定资产折旧的方法可在平均年限法和工作量法中任选其一，一经选定不得随意变动。

1. 平均年限法

平均年限法是指按固定资产的使用年限平均计提折旧的一种方法，它是最简单、最普遍的折旧方法，又称“直线法”或“平均法”。这种方法每期提取的折旧额相等。计算公式为：

固定资产年折旧额＝(固定资产原值－预计净残值)÷预计使用年限

固定资产月折旧额＝固定资产年折旧额÷12

在实际工作中，通常采用折旧率的办法计算固定资产折旧。折旧率是指固定资产折旧额与固定资产原值的比率。计算公式为：

固定资产年折旧率＝固定资产年折旧额÷固定资产原值×100%

固定资产年折旧率＝(1－预计净残值率)÷预计使用年限×100%

固定资产月折旧率＝固定资产年折旧率÷12

固定资产月折旧额＝固定资产原值×固定资产月折旧率

【例 3-4-11】

某蔬菜生产合作社有一座蔬菜大棚，账面原值 300 000 元，预计使用年限 10 年，预计净残值率为 5%。

固定资产年折旧率 = (1－预计净残值率) ÷ 预计使用年限 × 100%

= (1－5%) ÷ 10 × 100% = 9.5%

固定资产月折旧率 = 固定资产年折旧率 ÷ 12

= 9.5% ÷ 12 = 0.7916%

固定资产月折旧额 = 固定资产原值 × 固定资产月折旧率

= 300000 × 0.7916% = 2374.80（元）

2. 工作量法

工作量法是指按实际工作量计提固定资产折旧额的一种方法。计算公式为：

$$单位工作量折旧额=\frac{固定资产原值\times(1-预计净残值率)}{总工作量（总行驶里程或总工作小时或总工作台班）}$$

某固定资产月折旧额＝单位工作量折旧额×该月实际工作量

【例 3-4-12】

某蔬菜生产合作社有小货车一辆，50 000 元，预计总行驶 200 000 千米，预计净残值率为 5%，当月行驶 5 000 千米。

单位千米折旧额 = 固定资产原值 × (1－预计净残值率) ÷ 总行驶里程

= 50000 × (1－5%) ÷ 200000 = 0.2375（元/千米）

固定资产月折旧额 = 0.2375 × 5000 = 1187.5（元）

（三）计提固定资产折旧的账务处理

为了反映农民专业合作社提取固定资产折旧的情况，应设置“累计折旧”账户进行核算。该账户是固定资产账户的抵减账户，属于资产类，其贷方记录每期提取的固定资产折旧，借方记录合作社减少固定资产转出的累计折旧，期末余额在贷方，表示合作社现有的固定资产已经提取的折旧。“累计折旧”账户不进行明细核算。

提取固定资产折旧时，借记“生产成本”“管理费用”“其他支出”等账户，贷记“累计折旧”。

生产经营用固定资产计提的折旧，借记“生产成本”；管理用固定资产计提的折旧，借记“管理费用”；其他用途的固定资产计提折旧，借记“其他支出”。

【例 3-4-13】

某蔬菜生产合作社本月共计提折旧额为 3 600 元，其中生产经营用固定资产提取折旧 3 000 元，管理用固定资产提取折旧 600 元。编制记账凭证，见证 3-4-11：

◎证 3-4-11◎

记 账 凭 证

20××年 12 月 31 日　　　　　　　　记字第　　号

摘　要	总账科目	明细科目	借方金额										贷方金额										记账	
			千	百	十	万	千	百	十	元	角	分	千	百	十	万	千	百	十	元	角	分		附
计提折旧	生产成本						3	0	0	0	0	0												单
	管理费用							6	0	0	0	0												据
	累计折旧																3	6	0	0	0	0		1
																								张
合　计						¥	3	6	0	0	0	0				¥	3	6	0	0	0	0		

会计主管　　　　记账　　　　稽核　　　　出纳　　　　制单 丛志强

任务五　无形资产的核算

学习目标

1. 掌握无形资产增加和减少的核算；
2. 掌握无形资产摊销和出租的核算。

知识储备

农民专业合作社的无形资产是指能被农民专业合作社长期使用但没有实物形态的资产。农民专业合作社的无形资产包括专利权、商标权、特许权和土地使用权等。

一、无形资产增加的核算

农民专业合作社无形资产增加的途径有外购、自行开发、投资转入、接受捐赠等。

为了反映农民专业合作社无形资产的情况，应设置“无形资产”账户进行核算。该账户属于资产类，其借方记录增加的无形资产的实际成本，贷方记录合作社每期摊销的无形资产的价值以及减少的无形资产的摊余价值（也是无形资产摊销后的账面余额），期末余额在借方，表示合作社现有的无形资产的摊余价值。“无形资产”账户应按照无形资产的种类设置明细账，进行明细核算。

（一）外购无形资产的核算

农民专业合作社外购的无形资产，按实际支付的价款，借记“无形资产”，贷记“银行存款”等账户。

【例 3－5－1】

某农民专业合作社 20××年 7 月 12 日，向农民购入一项饲料配方技术，支付现金 4 000元。编制记账凭证，见证 3－5－1：

◎证 3-5-1◎

记 账 凭 证

20××年7月2日　　　　记字第　　号

摘要	总账科目	明细科目	借方金额										贷方金额										记账
			千	百	十	万	千	百	十	元	角	分	千	百	十	万	千	百	十	元	角	分	
购入饲料配方技术	无形资产	饲料配方专利权					4	0	0	0	0	0											
	库存现金																4	0	0	0	0	0	
合计						¥	4	0	0	0	0	0				¥	4	0	0	0	0	0	

附单据 1 张

会计主管　　　记账　　　稽核　　　出纳　　　制单 张明亮

(二) 自行开发的无形资产的核算

农民专业合作社自行开发的无形资产，在申请注册之前发生的研究费用，借记“管理费用”，贷记“应付工资”“产品物资”等账户。申请注册之后，按法律程序取得无形资产所发生的注册费、律师费等，借记“无形资产”，贷记“银行存款”等账户。

【例 3-5-2】

某农民专业合作社自行研制一套生猪自动喂食技术，发生技术人员工资 4 000 元，材料费 8 000 元。按法律程序申请取得生猪自动喂食技术专利权，以银行存款支付注册费 2 000元，律师费 1 000 元。

发生的研发费用编制记账凭证，见证 3-5-2-1：

◎证 3-5-2-1◎

记 账 凭 证

20××年7月5日　　　　记字第　　号

摘要	总账科目	明细科目	借方金额										贷方金额										记账
			千	百	十	万	千	百	十	元	角	分	千	百	十	万	千	百	十	元	角	分	
发生研发费用	管理费用					1	2	0	0	0	0	0											
	应付工资																4	0	0	0	0	0	
	产品物资																8	0	0	0	0	0	
合计					¥	1	2	0	0	0	0	0			¥	1	2	0	0	0	0	0	

附单据 2 张

会计主管　　　记账　　　稽核　　　出纳　　　制单 张明亮

发生的注册费和律师费，编制记账凭证，见证3-5-2-2:

◎证 3-5-2-2◎

记 账 凭 证

20××年7月5日　　　　记字第　　号

摘　要	总账科目	明细科目	借方金额										贷方金额										记账
			千	百	十	万	千	百	十	元	角	分	千	百	十	万	千	百	十	元	角	分	
注册费和律师费	无形资产	生猪自动喂食					3	0	0	0	0	0											
	银行存款																3	0	0	0	0	0	
合　计						¥	3	0	0	0	0	0				¥	3	0	0	0	0	0	

附单据 2 张

会计主管　　记账　　稽核　　出纳　　制单 张明亮

（三）投资者投入无形资产的核算

农民专业合作社接受投资者投入的无形资产，按双方协议价，借记“无形资产”，贷记“股金”等账户；按照成员大会或成员代表大会批准的投资者拥有的注册资本的份额，贷记“股金”账户，差额部分贷记“资本公积”账户，村集体经济组织贷记“公积公益金”账户。

【例3-5-3】

20××年7月13日，某农民专业合作社接受成员余自强以“青龙牌”鸭蛋商标权投资，双方协议价5000元。余自强享有4000元的股份。合作社编制记账凭证，见证3-5-3:

◎证 3-5-3◎

记 账 凭 证

20××年7月13日　　　　记字第　　号

摘　要	总账科目	明细科目	借方金额										贷方金额										记账
			千	百	十	万	千	百	十	元	角	分	千	百	十	万	千	百	十	元	角	分	
接受商标权投资	无形资产	“青龙牌”鸭蛋					5	0	0	0	0	0											
	股金	余自强															4	0	0	0	0	0	
	资本公积																1	0	0	0	0	0	
合　计						¥	5	0	0	0	0	0				¥	5	0	0	0	0	0	

附单据 1 张

会计主管　　记账　　稽核　　出纳　　制单 张明亮

（四）接受无偿捐赠无形资产的核算

农民专业合作社接受政府无偿拨给无形资产时，按所附发票所列的金额，加上应支付的相关税费，借记“无形资产”，贷记“专用基金”等账户；如果未附发票，按批准的价值，借记“无形资产”，贷记“专用基金”等账户，村集体经济组织贷记“公积公益金”账户。

二、无形资产摊销的核算

无形资产摊销是指将取得无形资产的实际成本在规定的期限内逐期转入费用的过程。

无形资产从无形资产使用的当月起，按直线法平均摊销。

无形资产摊销时，一方面冲减无形资产的账面价值，另一方面将摊销额计入管理费用。

【例 3-5-4】

某农民专业合作社自行研制一套生猪自动喂食技术，实际成本为 3 000 元，有效期限是 5 年。

每年摊销额＝3000÷5＝600（元）

年末摊销时，编制记账凭证，见证 3-5-4：

◎证 3-5-4◎

记　账　凭　证

20××年 12 月 31 日　　　　　　记字第　　号

摘　要	总账科目	明细科目	借方金额										贷方金额										记账
			千	百	十	万	千	百	十	元	角	分	千	百	十	万	千	百	十	元	角	分	
摊销生猪自动喂食	管理费用							6	0	0	0	0											
	无形资产	生猪自动喂食																6	0	0	0	0	
合　计							¥	6	0	0	0	0					¥	6	0	0	0	0	

附单据 0 张

会计主管　　　记账　　　稽核　　　出纳　　　制单 张明亮

三、无形资产出租的核算

农民专业合作社出租无形资产取得的租金收入，借记“银行存款”等账户，贷记“其他收入”账户。出租无形资产摊销时，借记“其他支出”账户，贷记“无形资产”账户。

【例 3－5－5】

20××年 8 月 3 日，某农民专业合作社将生猪自动喂食技术出租给其他合作社，年租金 3 000 元，存入银行。此项无形资产年摊销额为 600 元。

收取租金时，编制记账凭证，见证 3－5－5－1：

◎证 3－5－5－1◎

记　账　凭　证

20××年 8 月 3 日　　　　记字第　　号

摘　要	总账科目	明细科目	借方金额										贷方金额										记账
			千	百	十	万	千	百	十	元	角	分	千	百	十	万	千	百	十	元	角	分	
收取租金	银行存款						3	0	0	0	0	0											
	其他收入																3	0	0	0	0	0	
合　计						¥	3	0	0	0	0	0				¥	3	0	0	0	0	0	

附单据 2 张

会计主管　　　　记账　　　　稽核　　　　出纳　　　　制单 张明亮

年末摊销时，编制记账凭证，见证 3－5－5－2：

◎证 3－5－5－2◎

记　账　凭　证

20××年 12 月 31 日　　　　记字第　　号

摘　要	总账科目	明细科目	借方金额										贷方金额										记账
			千	百	十	万	千	百	十	元	角	分	千	百	十	万	千	百	十	元	角	分	
摊销生猪自动喂食	其他支出							6	0	0	0	0											
	无形资产	生猪自动喂食																6	0	0	0	0	
合　计							¥	6	0	0	0	0					¥	6	0	0	0	0	

附单据 0 张

会计主管　　　　记账　　　　稽核　　　　出纳　　　　制单 张明亮

四、无形资产减少的核算

农民专业合作社无形资产的减少途径有出售、报废、投资等。

（一）出售无形资产的核算

农民专业合作社出售无形资产时，按实际收到的价款，借记“银行存款”等账户，贷记“其他收入”账户，按无形资产的账面余额，贷记“无形资产”账户，按支付的相关税费，贷记“银行存款”账户，按借贷之间的差额借记“其他支出”或贷记“其他收入”。

（二）投资转出无形资产的核算

农民专业合作社对外投资转出无形资产时，按协议价借记“对外投资”等账户，按无形资产的账面余额，贷记“无形资产”账户，借贷之间的差额，借记或贷记“资本公积”。

（三）报废无形资产的核算

农民专业合作社对于使用期满、价值已经全部摊销完毕的无形资产报废，不需要进行账务处理；对于提前报废的无形资产，报请审批后，按无形资产的账面余额，借记“管理费用”账户，贷记“无形资产”账户。

项目四

负债及所有者权益的核算

【项目目标】

1. 掌握各项流动负债的核算。
2. 掌握各项长期负债的核算。
3. 掌握各项所有者权益的核算。

任务一　流动负债的核算

学习目标

1. 掌握短期借款取得和归还的核算；
2. 掌握应付款发生和偿还的核算；
3. 掌握应付工资提取和支付的核算；
4. 掌握应付盈余返还提取和支付的核算；
5. 掌握应付剩余盈余分配和支付的核算。

知识储备

农民专业合作社的权益包括负债和所有者权益。负债包括流动负债和长期负债。

流动负债是指偿还期在1年以内（含1年）的债务。农民专业合作社的流动负债分为短期借款、应付款、应付工资、应付盈余返还、应付剩余盈余等。

一、短期借款的核算

农民专业合作社的短期借款是指农民专业合作社从银行、信用社、其他金融机构以及从外单位和个人借入的、还款期限在1年内的各种借款。

为了反映农民专业合作社短期借款的借入和归还情况，应该设置“短期借款”账户。该账户是负债类账户，其贷方记录合作社借入短期借款的数额，借方记录合作社归还短期借款的数额，期末余额在贷方，表示合作社借入尚未归还的短期借款的数额。“短期借款”账户应按照债权人的名称设置明细账户，进行明细核算。

短期借款支付的利息，借记“其他支出”账户。

（一）短期借款取得的核算

农民专业合作社借入各种短期借款时，应按实际借入的金额，借记“银行存款”等账户，贷记“短期借款”账户。

【例4-1-1】

20××年年初，某农民专业合作社向当地农村信用社借入期限为6个月、利率为4.8%的借款10 000元，存入银行。编制记账凭证，见证4-1-1：

◎证 4－1－1◎

记 账 凭 证

20××年1月4日　　　　记字第001号

摘要	总账科目	明细科目	借方金额										贷方金额										记账
			千	百	十	万	千	百	十	元	角	分	千	百	十	万	千	百	十	元	角	分	
借入短期借款	银行存款					1	0	0	0	0	0	0											
	短期借款	信用社														1	0	0	0	0	0	0	
合计					¥	1	0	0	0	0	0	0			¥	1	0	0	0	0	0	0	

附单据 1 张

会计主管　　记账　　稽核　　出纳　　制单 王丰

（二）到期归还本金和利息的核算

农民专业合作社短期借款到期时，归还本金，借记“短期借款”账户，归还利息，借记“其他支出”账户，贷记“银行存款”等账户。

【例 4－1－2】

承上例，7月初农民专业合作社向当地农村信用社的借款到期，归还本金和利息。

利息＝10000×4.8%÷12×6＝240（元）

编制记账凭证，见证 4－1－2：

◎证 4－1－2◎

记 账 凭 证

20××年7月2日　　　　记字第　　号

摘要	总账科目	明细科目	借方金额										贷方金额										记账
			千	百	十	万	千	百	十	元	角	分	千	百	十	万	千	百	十	元	角	分	
归还本金和利息	短期借款	信用社				1	0	0	0	0	0	0											
	其他支出							2	4	0	0	0											
	银行存款															1	0	2	4	0	0	0	
合计					¥	1	0	2	4	0	0	0			¥	1	0	2	4	0	0	0	

附单据 2 张

会计主管　　记账　　稽核　　出纳　　制单 王丰

二、应付款的核算

农民专业合作社的应付款是指农民专业合作社与非成员发生应付及暂收款项，包括因购买产品物资和接受劳务、服务等应付的款项以及应付的赔款和利息等。

为了反映农民专业合作社应付款的发生、偿还和结余情况，应该设置“应付款”账户。该账户是负债类，贷方记录合作社与非成员发生应付及暂收款项，借方记录合作社偿还和核销的应付及暂收款项，期末余额在贷方，表示合作社应付未付的应付及暂收款项。“应付款”账户应按照债权人的名称设置明细账户，进行明细核算。

（一）应付款发生的核算

农民专业合作社应付款发生时，按实际发生的金额，借记“产品物资”“库存现金”等账户，贷记“应付款”账户。

【例 4－1－3】

20××年 5 月 10 日，某蔬菜合作社向当地农资公司购入化肥一批，款项 5 000 元，款未付。编制记账凭证，见证 4－1－3：

◎证 4－1－3◎

记 账 凭 证

20××年 5 月 10 日　　　　记字第　　号

摘要	总账科目	明细科目	借方金额										贷方金额										记账
			千	百	十	万	千	百	十	元	角	分	千	百	十	万	千	百	十	元	角	分	
购入化肥	产品物资	化肥					5	0	0	0	0	0											
	应付款	农资公司															5	0	0	0	0	0	
合　计						¥	5	0	0	0	0	0				¥	5	0	0	0	0	0	

附单据 2 张

会计主管　　记账　　稽核　　出纳　　制单 高明

（二）应付款偿还的核算

农民专业合作社偿还应付款时，按实际偿还的金额，借记“应付款”账户，贷记“银行存款”“库存现金”等账户。

如果农民专业合作社无法支付应付款时，经批准，借记“应付款”账户，贷记“其他收入”账户。

三、应付工资的核算

农民专业合作社的应付工资是指农民专业合作社应付给其管理人员及固定员工的工资总额，包括各种工资、奖金、津贴和补助等。

为了反映农民专业合作社应付工资的提取和支付情况，应该设置“应付工资”账户。该账户是负债类账户，其贷方记录合作社月末提取的应付工资总额，借方记录合作社实际支付的工资，期末余额在贷方，表示合作社应付未付的工资。“应付工资”账户可按照管理人员和固定员工的姓名等设置明细账户，进行明细核算。

（一）应付工资提取的核算

农民专业合作社按劳动工资制度，月末按部门编制“工资表”，然后财会人员编制“工资汇总表”，再按管理人员和固定员工项目编制“工资费用分配表”，最后财务人员根据“工资费用分配表”编制提取工资的会计分录，借记“生产成本”“经营支出”“管理费用”“在建工程”等账户，贷记“应付工资”账户。

【例 4-1-4】

某苹果种植合作社经批准，9 月 30 日计提工资总额 12 000 元。编制“工资费用分配表”，其中采摘人员工资 5 000 元，包装人员工资 4 000 元，管理人员工资 3 000 元。编制记账凭证，见证 4-1-4：

◎证 4-1-4◎

记　账　凭　证

20××年 9 月 30 日　　　　记字第　　号

摘　要	总账科目	明细科目	借方金额										贷方金额										记账
			千	百	十	万	千	百	十	元	角	分	千	百	十	万	千	百	十	元	角	分	
计提工资	经营支出	苹果					9	0	0	0	0	0											
	管理费用						3	0	0	0	0	0											
	应付工资															1	2	0	0	0	0	0	
合　计					¥	1	2	0	0	0	0	0			¥	1	2	0	0	0	0	0	

附单据 1 张

会计主管　　记账　　稽核　　出纳　　制单 杨军

(二) 应付工资支付的核算

农民专业合作社实际支付工资时，借记“应付工资”账户，贷记“库存现金”账户。

四、应付盈余返还的核算

农民专业合作社的应付盈余返还是指农民专业合作社可分配盈余中按一定比例返还给成员的金额。可分配盈余是指农民专业合作社在弥补亏损、提取公积金后的当年盈余。按规定可分配盈余按成员在本社的交易量（额）的比例返还，返回的比例不得低于可分配盈余的60%，具体的返还比例由成员大会决定。

为了反映农民专业合作社应付盈余返还的提取和支付情况，应该设置“应付盈余返还”账户。该账户是负债类账户，其贷方记录合作社年末提取的应付盈余返还，借方记录合作社实际支付给成员的可分配盈余，期末余额在贷方，表示合作社尚未支付给成员的可分配盈余。“应付盈余返还”账户可按照成员的名称设置明细账户，进行明细核算。

(一) 应付盈余返还提取的核算

农民专业合作社按规定提取返还盈余时，借记“盈余分配”账户，贷记“应付盈余返还”账户。

【例4-1-5】

某苹果种植合作社20××年末，弥补以前亏损、提取公积金后当年可分配盈余是80 000元。合作社章程规定返还比例为70%。成员账户记载的本社成员与本合作社的交易总额为400 000元。各成员的交易额和盈余返还的计算见表4-1-1：

◎表4-1-1◎

应付盈余返还计算表

成员姓名	交易额（元）	在总交易额中所占比例（%）	盈余返还金额（元）
王城	160 000	40	22 400
李进	120 000	30	16 800
张武	80 000	20	11 200
李刚	40 000	10	5 600
合计	400 000	100	56 000

根据应付盈余返还计算表编制记账凭证，见证4-1-5：

◎证 4-1-5◎

记 账 凭 证

20××年12月31日　　　　记字第　　号

摘要	总账科目	明细科目	借方金额										贷方金额										记账
			千	百	十	万	千	百	十	元	角	分	千	百	十	万	千	百	十	元	角	分	
提取返还盈余	盈余分配					5	6	0	0	0	0	0											
	应付盈余返还	王城														2	2	4	0	0	0	0	
	应付盈余返还	李进														1	6	8	0	0	0	0	
	应付盈余返还	张武														1	1	2	0	0	0	0	
	应付盈余返还	李刚															5	6	0	0	0	0	
合　计					¥	5	6	0	0	0	0	0			¥	5	6	0	0	0	0	0	

附单据 1 张

会计主管　　记账　　稽核　　出纳　　制单 林辉

（二）应付盈余返还支付的核算

农民专业合作社实际支付盈余时，借记“应付盈余返还”账户，贷记“库存现金”等账户。

【例 4-1-6】

承【例 4-1-5】，该苹果种植合作社提取现金 56 000 元，返还成员盈余。编制记账凭证，见证 4-1-6：

◎证 4-1-6◎

记 账 凭 证

20××年12月31日　　　　记字第　　号

摘要	总账科目	明细科目	借方金额										贷方金额										记账
			千	百	十	万	千	百	十	元	角	分	千	百	十	万	千	百	十	元	角	分	
支付盈余	应付盈余返还	王城				2	2	4	0	0	0	0											
	应付盈余返还	李进				1	6	8	0	0	0	0											
	应付盈余返还	张武				1	1	2	0	0	0	0											
	应付盈余返还	李刚					5	6	0	0	0	0											
	库存现金															5	6	0	0	0	0	0	
合　计					¥	5	6	0	0	0	0	0			¥	5	6	0	0	0	0	0	

附单据 2 张

会计主管　　记账　　稽核　　出纳　　制单 林辉

五、应付剩余盈余的核算

农民专业合作社的应付剩余盈余是指农民专业合作社可分配盈余中按一定比例返还给成员后应付给成员的可分配盈余的剩余部分。剩余盈余的分配按成员账户中记载的出资额和公积金份额，以及本社接受国家财政直接补助和他人捐赠形成财产，平均量化到本社成员的份额，按比例分配给本社成员。

为了反映农民专业合作社应付剩余盈余的提取和支付情况，应该设置"应付剩余盈余"账户。该账户是负债类账户，其贷方记录合作社年末按规定分配给成员的剩余可分配盈余，借方记录合作社实际支付给成员的剩余盈余，期末余额在贷方，表示合作社尚未支付给成员的剩余盈余。"应付剩余盈余"账户可按照成员的名称设置明细账户，进行明细核算。

提示　村集体经济组织不设置此科目

（一）剩余盈余分配的核算

农民专业合作社按规定分配剩余盈余时，借记"盈余分配"账户，贷记"应付剩余盈余"账户。

【例 4-1-7】

承【例 4-1-5】，某苹果种植合作社 20××年末，弥补以前亏损、提取公积金后当年可分配盈余是 80 000 元。合作社章程规定返还比例为 70%，剩余盈余为 24 000 元。各成员的交易额等和剩余盈余分配见表 4-1-2：

◎表 4-1-2◎

剩余盈余分配表

成员姓名	股金（元）	专项基金（元）	资本公积（元）	合计（元）	比重（%）	剩余盈余分配（元）
王城	80 000	10 000	40 000	130 000	38.235 3	9 176.47
李进	50 000	10 000	25 000	85 000	25.000 0	6 000.00
张武	40 000	10 000	20 000	70 000	20.588 2	4 941.17
李刚	30 000	10 000	15 000	55 000	16.176 5	3 882.36
合计	200 000	40 000	100 000	340 000	100	24 000

根据剩余盈余分配表编制记账凭证，见证 4-1-7：

◎证 4-1-7◎

记 账 凭 证

20××年 12 月 31 日　　　　记字第　　号

摘　要	总账科目	明细科目	借方金额										贷方金额										记账
			千	百	十	万	千	百	十	元	角	分	千	百	十	万	千	百	十	元	角	分	
提取返还盈余	盈余分配					2	4	0	0	0	0	0											
	应付剩余盈余	王城															9	1	7	6	4	7	
	应付剩余盈余	李进															6	0	0	0	0	0	
	应付剩余盈余	张武															4	9	4	1	1	7	
	应付剩余盈余	李刚															3	8	8	2	3	6	
	合　计				¥	2	4	0	0	0	0	0			¥	2	4	0	0	0	0	0	

附单据 1 张

会计主管　　记账　　稽核　　出纳　　制单 林辉

（二）支付剩余盈余的核算

农民专业合作社实际支付剩余盈余时，借记“应付剩余盈余”账户，贷记“库存现金”等账户。

任务二　长期负债的核算

学习目标

1. 掌握长期借款取得和归还本金的核算；
2. 掌握计提长期借款利息和支付利息的核算；
3. 掌握专项应付款的取得和使用的核算。

知识储备

长期负债是指偿还期在1年以上的债务。农民专业合作社的长期负债包括长期借款、专项应付款等。

一、长期借款的核算

农民专业合作社的长期借款是指农民专业合作社从银行、信用社、其他金融机构以及从外单位和个人借入的、还款期限在1年以上的各种借款。

为了反映农民专业合作社长期借款的借入和归还情况，应该设置“长期借款”账户。该账户是负债类账户，其贷方记录合作社借入长期借款的本金，借方记录合作社归还长期借款的本金，期末余额在贷方，表示合作社借入尚未归还的长期借款的本金。“长期借款”账户应按照债权人的名称设置明细账户，进行明细核算。

（一）长期借款取得的核算

农民专业合作社借入各种长期借款时，按实际借入的金额借记“银行存款”等账户，贷记“长期借款”账户。

【例4－2－1】

某农民专业合作社于2012年4月1日向当地农村信用社借入期限为2年、利率为6%的借款100 000元，存入银行。借款利息每年末偿还一次。到期归还本金和剩余的利息。

借入长期借款，存入银行，编制记账凭证，见证4－2－1：

◎证 4-2-1◎

记 账 凭 证

2012年4月1日　　　　记字第　　号

摘要	总账科目	明细科目	借方金额										贷方金额										记账
			千	百	十	万	千	百	十	元	角	分	千	百	十	万	千	百	十	元	角	分	
借入长期借款	银行存款				1	0	0	0	0	0	0	0											
	长期借款	信用社													1	0	0	0	0	0	0	0	
合　计				¥	1	0	0	0	0	0	0	0		¥	1	0	0	0	0	0	0	0	

附单据 1 张

会计主管　　　　记账　　　　稽核　　　　出纳　　　　制单 王丰

（二）计提长期借款利息和支付利息的核算

长期借款利息的归还方式有两种，一是到期还本付息，二是分期付息。无论哪种方式，合作社都要根据权责发生制的原则，按期（月末、季末和年末）计提利息。期末计提利息时，借记“其他支出”账户，贷记“应付款”账户。按规定期限还利息时，借记“应付款”账户，贷记“银行存款”账户

【例 4-2-2】

承【例 4-2-1】，某农民专业合作社于 2012 年 4 月 1 日向当地农村信用社借入期限为 2 年、利率为 6%的借款 100 000 元，存入银行。借款利息每年末偿还一次。到期归还本金和剩余的利息。本合作社每季计提利息。

（1）每季度末提取利息（6 月 30 日、9 月 30 日和 12 月 31 日等）。

每季利息 = 100000 × 6% ÷ 4 = 1500（元）

计提利息时编制记账凭证，见证 4-2-2-1：

◎证 4-2-2-1◎

记 账 凭 证

2012年6月30日　　　　记字第　　号

摘要	总账科目	明细科目	借方金额										贷方金额										记账
			千	百	十	万	千	百	十	元	角	分	千	百	十	万	千	百	十	元	角	分	
季末提取利息	其他支出						1	5	0	0	0	0											
	应付款	信用社															1	5	0	0	0	0	
合　计						¥	1	5	0	0	0	0				¥	1	5	0	0	0	0	

附单据 0 张

会计主管　　　　记账　　　　稽核　　　　出纳　　　　制单 王丰

2012 年 9 月 30 日、12 月 31 日，2013 年各季末，2014 年 3 月 31 日计提当季利息，编制记账凭证同凭证 4－2－2－1。

（2）每年末支付利息。

2012 年 12 月 31 日支付利息（三个季度的利息），编制记账凭证，见证 4－2－2－2：

◎证 4－2－2－2◎

记 账 凭 证

2012 年 12 月 31 日　　　　　　记字第　　号

摘要	总账科目	明细科目	借方金额										贷方金额										记账
			千	百	十	万	千	百	十	元	角	分	千	百	十	万	千	百	十	元	角	分	
支付利息	应付款	信用社					4	5	0	0	0	0											
	银行存款																4	5	0	0	0	0	
合计						¥	4	5	0	0	0	0				¥	4	5	0	0	0	0	

附单据 2 张

会计主管　　　　记账　　　　稽核　　　　出纳　　　　制单 王丰

2013 年 12 月 31 日支付利息（四个季度的利息），编制记账凭证，见证 4－2－2－3：

◎证 4－2－2－3◎

记 账 凭 证

2013 年 12 月 31 日　　　　　　记字第　　号

摘要	总账科目	明细科目	借方金额										贷方金额										记账
			千	百	十	万	千	百	十	元	角	分	千	百	十	万	千	百	十	元	角	分	
支付利息	应付款	信用社					6	0	0	0	0	0											
	银行存款																6	0	0	0	0	0	
合计						¥	6	0	0	0	0	0				¥	6	0	0	0	0	0	

附单据 1 张

会计主管　　　　记账　　　　稽核　　　　出纳　　　　制单 王丰

2014 年 3 月 31 日支付利息（一个季度的利息），编制记账凭证，见证 4－2－2－4：

◎证 4－2－2－4◎

记 账 凭 证

2014 年 3 月 31 日　　　　　　　　　　　　　　记字第　　号

摘　要	总账科目	明细科目	借方金额										贷方金额										记账
			千	百	十	万	千	百	十	元	角	分	千	百	十	万	千	百	十	元	角	分	
支付利息	应付款	信用社					1	5	0	0	0	0											
	银行存款																1	5	0	0	0	0	
合　计						¥	1	5	0	0	0	0				¥	1	5	0	0	0	0	

附单据 1 张

会计主管　　　　记账　　　　稽核　　　　出纳　　　　制单 王丰

(三) 到期归还本金的核算

农民专业合作社长期借款到期时，归还本金，借记“长期借款”账户，归还利息，借记“其他支出”账户，贷记“银行存款”等账户。

二、专项应付款的核算

专项应付款是指农民专业合作社接受国家财政直接补助的资金。这部分资金具有专门的用途，主要是扶持引导农民专业合作社发展，支持农民专业合作社开展信息、培训、农产品质量保证与论证、农业生产基础设施建设、市场营销和技术推广等服务。

为了加强对专项应付款的管理，及时反映专项应付款的取得、使用和结余情况，农民专业合作社应该设置“专项应付款”账户。该账户是负债类账户，贷方记录取得的专项资金的数额，借方记录合作社使用专项资金的数额，期末余额在贷方，表示合作社尚未使用的专项资金数额。“专项应付款”账户政府指定项目设置明细账户，进行明细核算。

> **提示**　村集体经济组织不设置此科目

(一) 取得国家财政补助资金的核算

农民专业合作社取得国家财政补助时，借记“银行存款”等账户，贷记“专项应付款”账户。

【例 4－2－3】

20××年 5 月 6 日，某农民专业合作社收到国家财政直接补助资金 200 000 元，指定用于草莓大棚的建设。编制记账凭证，见证4-2-3：

◎证 4-2-3◎

记　账　凭　证

20××年5月6日　　　　记字第　　号

摘要	总账科目	明细科目	借方金额										贷方金额										记账
			千	百	十	万	千	百	十	元	角	分	千	百	十	万	千	百	十	元	角	分	
收国家直补资金	银行存款				2	0	0	0	0	0	0	0											
	专项应付款	草莓大棚													2	0	0	0	0	0	0	0	
合计				¥	2	0	0	0	0	0	0	0		¥	2	0	0	0	0	0	0	0	

附单据 1 张

会计主管　　　　记账　　　　稽核　　　　出纳　　　　制单　王丰

（二）国家财政补助资金使用的核算

（1）农民专业合作社将国家财政补助资金用于开展信息、培训、农产品质量保证与论证、农业生产基础设施建设、市场营销和技术推广等项目支出时，借记“专项应付款”账户，贷记“银行存款”等账户。

（2）农民专业合作社将国家财政补助资金用于购买固定资产、产品物资、林木资产和无形资产等时，按实际支付的价款，借记“固定资产”“林木资产”等账户，贷记“银行存款”等账户；同时结转专项应付款，借记“专项应付款”账户，贷记“专项基金”账户。

（3）农民专业合作社将国家财政补助资金用于建造固定资产时，建造过程中发生的支出，借记“在建工程”账户，贷记“银行存款”等账户；固定资产建造完成交付使用时，借记“固定资产”账户，贷记“在建工程”账户；同时结转专项应付款，借记“专项应付款”账户，贷记“专项基金”账户。

【例 4-2-4】

承【例 4-2-3】，某农民专业合作社收到国家财政直接补助资金 200 000 元，指定用于草莓大棚的建设。草莓大棚建设购买建筑材料 120 000 元。建设草莓大棚过程中领用建筑材料 120 000 元，发生人工费 70 000 元，水电费 8 000 元，其他费用 2 000 元，款项均以银行存款支付。

（1）购买建筑材料时，编制记账凭证，见证 4-2-4-1：

◎证 4-2-4-1◎

记 账 凭 证

20××年　　月　　日　　　　　　　　　　记字第　　号

摘要	总账科目	明细科目	借方金额										贷方金额										记账
			千	百	十	万	千	百	十	元	角	分	千	百	十	万	千	百	十	元	角	分	
购买建筑材料	产品物资	钢材等			1	2	0	0	0	0	0	0											
	银行存款														1	2	0	0	0	0	0	0	
合　计				¥	1	2	0	0	0	0	0	0		¥	1	2	0	0	0	0	0	0	

附单据 2 张

会计主管　　　　记账　　　　稽核　　　　出纳　　　　制单 王丰

（2）建筑工程领用材料，发生人工费等，编制记账凭证，见证4-2-4-2：

◎证 4-2-4-2◎

记 账 凭 证

20××年　　月　　日　　　　　　　　　　记字第　　号

摘要	总账科目	明细科目	借方金额										贷方金额										记账
			千	百	十	万	千	百	十	元	角	分	千	百	十	万	千	百	十	元	角	分	
建筑工程领用材料	在建工程	草莓大棚			2	0	0	0	0	0	0	0											
	产品物资	钢材等													1	2	0	0	0	0	0	0	
发生人工费	应付工资															7	0	0	0	0	0	0	
发生水电及其他费用	银行存款															1	0	0	0	0	0	0	
合　计				¥	2	0	0	0	0	0	0	0		¥	2	0	0	0	0	0	0	0	

附单据 3 张

会计主管　　　　记账　　　　稽核　　　　出纳　　　　制单 王丰

（3）草莓大棚建筑完成，交付使用时，编制记账凭证，见证4-2-4-3：

◎证 4－2－4－3◎

记 账 凭 证

20××年　　月　　日　　　　　　　　　　记字第　　号

摘　要	总账科目	明细科目	借方金额										贷方金额										记账
			千	百	十	万	千	百	十	元	角	分	千	百	十	万	千	百	十	元	角	分	
草莓大棚完工	固定资产	草莓大棚			2	0	0	0	0	0	0	0											
	在建工程	草莓大棚													2	0	0	0	0	0	0	0	
合　计				¥	2	0	0	0	0	0	0	0		¥	2	0	0	0	0	0	0	0	

附单据 1 张

会计主管　　　　记账　　　　稽核　　　　出纳　　　　制单 王丰

同时结转专项应付款，编制记账凭证，见证 4－2－4－4：

◎证 4－2－4－4◎

记 账 凭 证

20××年　　月　　日　　　　　　　　　　记字第　　号

摘　要	总账科目	明细科目	借方金额										贷方金额										记账
			千	百	十	万	千	百	十	元	角	分	千	百	十	万	千	百	十	元	角	分	
结转专项应付款	专项应付款	草莓大棚			2	0	0	0	0	0	0	0											
	专项基金														2	0	0	0	0	0	0	0	
合　计				¥	2	0	0	0	0	0	0	0		¥	2	0	0	0	0	0	0	0	

附单据 3 张

会计主管　　　　记账　　　　稽核　　　　出纳　　　　制单 王丰

加油站

一事一议资金的核算

一事一议资金是指村集体经济组织为了兴办工厂、公共事业，经由村集体经济组织成员大会讨论决定按一事一议的形式筹集的专项资金，用于专门项目的建设，如农田水利建设、人畜饮水建设、村级道路建设等。

为了加强对一事一议资金的管理，及时反映一事一议资金的筹集、使用和结余情况，村集体经济组织应该设置“一事一议资金”账户。该账户是负债类，贷方记录一事一议资金筹集的数额，借方记录使用后转入“公积公益金”的金额，期末余额在贷方，表示尚未使用的一事一议资金数额，期末余额在借方，表示一事一议专项建设的超支额。“一事一议资金”账户按所议项目设置明细账户，如修路、建桥、植树造林等，进行明细核算。

一、一事一议资金筹集的核算

村集体经济组织应于一事一议筹集方案经村集体成员大会或成员代表大会通过时，借记“内部往来”账户，贷记“一事一议资金”账户；收到农户交来的一事一议款项时，借记“现金”或“银行存款”等账户，贷记“内部往来”账户。

【例 4-2-5】

20××年 5 月 15 日，萨家庄村经成员代表大会决定通过一事一议资金的筹资方式安装自来水，按每户 300 元进行筹集，共计 1 200 000 元。1 个月后 6 月 15 日收到款项 1 140 000元，存入银行。还有 60 000 元没有收上来。

5 月 15 日编制记账凭证，见证 4-2-5-1：

◎证 4-2-5-1◎

记 账 凭 证

20××年 5 月 15 日　　　　　记字第　　号

摘　要	总账科目	明细科目	借方金额										贷方金额										记账
			千	百	十	万	千	百	十	元	角	分	千	百	十	万	千	百	十	元	角	分	
筹集方案通过	内部往来			1	2	0	0	0	0	0	0	0											
	一事一议资金	自来水工程												1	2	0	0	0	0	0	0	0	
合　计			¥	1	2	0	0	0	0	0	0	0	¥	1	2	0	0	0	0	0	0	0	

附单据 2 张

会计主管　　　记账　　　稽核　　　出纳　　　制单 刘敖

6 月 15 日收到款项时编制记账凭证，见证 4-2-5-2：

◎证 4-2-5-2◎

记　账　凭　证

20××年 6 月 15 日　　　　　　　　记字第　　号

摘　要	总账科目	明细科目	借方金额										贷方金额										记账
			千	百	十	万	千	百	十	元	角	分	千	百	十	万	千	百	十	元	角	分	
收到筹资款	银行存款			1	1	4	0	0	0	0	0	0											
	内部往来													1	1	4	0	0	0	0	0	0	
合　计			¥	1	1	4	0	0	0	0	0	0	¥	1	1	4	0	0	0	0	0	0	

附单据 1 张

会计主管　　　　记账　　　　稽核　　　　出纳　　　　制单　刘放

二、一事一议资金的使用和结转的核算

村集体经济组织用一事一议资金进行专用项目建设时，借记“在建工程”账户，贷记“现金”或“银行存款”等账户；项目完工后，借记“固定资产”账户，贷记“在建工程”账户。同时结转一事一议资金，借记“一事一议资金”账户，贷记“公积公益金”账户。

【例 4-2-6】

承【例 4-2-5】，6 月 18 日，萨家庄村安装自来水工程承包给自来水安装公司，以银行存款预付工程款 600 000 元。编制记账凭证，见证 4-2-6：

◎证 4-2-6◎

记　账　凭　证

20××年 6 月 18 日　　　　　　　　记字第　　号

摘　要	总账科目	明细科目	借方金额										贷方金额										记账
			千	百	十	万	千	百	十	元	角	分	千	百	十	万	千	百	十	元	角	分	
预付工程款	在建工程	自来水工程			6	0	0	0	0	0	0	0											
	银行存款														6	0	0	0	0	0	0	0	
合　计				¥	6	0	0	0	0	0	0	0		¥	6	0	0	0	0	0	0	0	

附单据 2 张

会计主管　　　　记账　　　　稽核　　　　出纳　　　　制单　刘放

【例4-2-7】

承【例4-2-6】，萨家庄村村民以劳动力筹工建设自来水，共筹工1200个，日工资50元，共计60000元，7月30日编制记账凭证，见证4-2-7：

◎证4-2-7◎

记 账 凭 证

20××年7月30日　　　　记字第　　号

摘要	总账科目	明细科目	借方金额										贷方金额										记账
			千	百	十	万	千	百	十	元	角	分	千	百	十	万	千	百	十	元	角	分	
筹工建设自来水	在建工程	自来水工程				6	0	0	0	0	0	0											
	公积公益金															6	0	0	0	0	0	0	
合　计					¥	6	0	0	0	0	0	0			¥	6	0	0	0	0	0	0	

附单据1张

会计主管　　记账　　稽核　　出纳　　制单 刘放

【例4-2-8】

承【例4-2-7】，3个月后自来水工程完工，验收合格投入使用，9月20日支付剩余工程款540000元，编制记账凭证，见证4-2-8-1：

◎证4-2-8-1◎

记 账 凭 证

20××年9月20日　　　　记字第　　号

摘要	总账科目	明细科目	借方金额										贷方金额										记账
			千	百	十	万	千	百	十	元	角	分	千	百	十	万	千	百	十	元	角	分	
支付剩余工程款	在建工程	自来水工程			5	4	0	0	0	0	0	0											
	银行存款														5	4	0	0	0	0	0	0	
合　计				¥	5	4	0	0	0	0	0	0		¥	5	4	0	0	0	0	0	0	

附单据2张

会计主管　　记账　　稽核　　出纳　　制单 刘放

同时结转自来水工程成本，编制记账凭证，见证4－2－8－2：

◎证4－2－8－2◎

记 账 凭 证

20××年7月20日　　　　记字第　　号

摘要	总账科目	明细科目	借方金额										贷方金额										记账
			千	百	十	万	千	百	十	元	角	分	千	百	十	万	千	百	十	元	角	分	
工程完工	固定资产	自来水工程		1	2	0	0	0	0	0	0	0											
投入使用	在建工程	自来水工程												1	2	0	0	0	0	0	0	0	
合计			¥	1	2	0	0	0	0	0	0	0	¥	1	2	0	0	0	0	0	0	0	

附单据 1 张

会计主管　　记账　　稽核　　出纳　　制单 刘放

结转一事一议资金，编制记账凭证，见证4－2－8－3：

◎证4－2－8－3◎

记 账 凭 证

20××年9月20日　　　　记字第　　号

摘要	总账科目	明细科目	借方金额										贷方金额										记账
			千	百	十	万	千	百	十	元	角	分	千	百	十	万	千	百	十	元	角	分	
结转一事一议资金	一事一议资金	自来水工程		1	2	0	0	0	0	0	0	0											
	公积公益金													1	1	4	0	0	0	0	0	0	
	内部往来															6	0	0	0	0	0	0	
合计			¥	1	2	0	0	0	0	0	0	0	¥	1	2	0	0	0	0	0	0	0	

附单据 0 张

会计主管　　记账　　稽核　　出纳　　制单 刘放

任务三　所有者权益的核算

学习目标

1. 掌握股金的核算；
2. 掌握专项基金的核算；
3. 掌握资本公积的核算；
4. 掌握盈余公积的核算；
5. 掌握未分配盈余的核算。

知识储备

农民专业合作社所有者权益是指农民专业合作社及其成员在合作社资产中享有的权益，其金额等于合作社的全部资产减去全部负债。农民专业合作社所有者权益包括股金、专项基金、资本公积、盈余公积和未分配盈余。村集体经济组织的所有者权益包括资本、公积公益金和未分配收益。

一、股金的核算

股金是农民专业合作社成员实际投入合作社的各种资产而享有的合作社注册资本的份额。成员可以投入货币资金，也可以投入实物、无形资产、土地承包权等，并采取入社自愿、退社自由的原则。

为了反映农民专业合作社成员投入的股金以及股金的增加、减少和结余情况，应该设置“股金”账户。该账户是所有者权益类账户，其贷方记录合作社实际收到的股金以及资本公积和盈余公积转增的股金，借方记录合作社按规定程序减少的股金，期末余额在贷方，表示合作社拥有的股金总额。“股金”账户应按照成员名称设置明细账户，进行明细核算。

> **提示**　村集体经济组织设置“资本”科目。

（一）成员投入货币资金的核算

农民专业合作社接受成员投入的货币资金时，按实际收到的金额，借记“银行存款”等账户，按成员享有的合作社注册资本的份额计算的金额，贷记“股金”账户，二者之间的差额，贷记“资本公积”账户。

【例 4-3-1】

20××年7月15日，某苹果种植合作社收到王国强投入的货币资金50 000元，经批准王国强享有合作社注册资本200 000元的20%。编制记账凭证，见证 4-3-1：

◎证 4－3－1◎

记　账　凭　证

20××年7月15日　　　　　　　　　　　　　　　　记字第　　号

摘　要	总账科目	明细科目	借方金额										贷方金额										记账
			千	百	十	万	千	百	十	元	角	分	千	百	十	万	千	百	十	元	角	分	
接受投资	银行存款					5	0	0	0	0	0	0											
	股金	王国强														4	0	0	0	0	0	0	
	资本公积															1	0	0	0	0	0	0	
合　计					¥	5	0	0	0	0	0	0			¥	5	0	0	0	0	0	0	

附单据 1 张

会计主管　　　　记账　　　　稽核　　　　出纳　　　　制单　林辉

（二）成员投入非货币资金的核算

农民专业合作社接受成员投入的非货币资金时，按投资各方确认的价值（合同协议价），借记“固定资产”“无形资产”等账户，按成员享有的合作社注册资本的份额计算的金额，贷记“股金”账户，二者之间的差额，贷记“资本公积”账户。

【例 4－3－2】

20××年8月28日，某苹果种植合作社收到王城投入的苹果园，双方确认价值为 100 000 元，经批准王城享有合作社注册资本 200 000 元的 40%。编制记账凭证，见证4－3－2：

◎证 4－3－2◎

记　账　凭　证

20××年8月28日　　　　　　　　　　　　　　　　记字第　　号

摘　要	总账科目	明细科目	借方金额										贷方金额										记账
			千	百	十	万	千	百	十	元	角	分	千	百	十	万	千	百	十	元	角	分	
接受投资	林木资产	经济林木（苹果园）			1	0	0	0	0	0	0	0											
	股金	王城														8	0	0	0	0	0	0	
	资本公积															2	0	0	0	0	0	0	
合　计				¥	1	0	0	0	0	0	0	0		¥	1	0	0	0	0	0	0	0	

附单据 1 张

会计主管　　　　记账　　　　稽核　　　　出纳　　　　制单　林辉

（三）成员退股的核算

农民专业合作社按照法定程序减少注册资本或成员退股时，不但要退还股金，同时要退还应分得“应付盈余返还”和“应付剩余盈余”，借记“股金”“应付盈余返还”和“应付剩余盈余”账户，贷记“银行存款”“固定资产”“产品物资”等账户。

注意　专项基金是不退给退股人的。

（四）成员股金转让的核算

农民专业合作社成员按照法定程序将股份转让时，借记“股金”“应付盈余返还”和“应付剩余盈余”账户，贷记“股金”，总账账户不变，只是明细账有所改变。

二、专项基金的核算

专项基金是指农民专业合作社通过国家财政直接补助转入的和他人捐赠的专用基金。

形成资产的专项基金供合作社长期使用，不能进行分配；合作社成员对这些资产享有收益权；国家财政直接补助转入的和他人捐赠形成的资产可以作为量化份额分配剩余盈余；但在成员退出合作社、合作社解散、破产清算时不能带走或分配，这部分资产仍属于国家所有。所以在专项基金的核算时，目前没有专项基金减少的核算。

提示　村集体经济组织不设置此科目。

为了反映农民专业合作社成员专项基金的情况，应该设置“专项基金”账户。该账户是所有者权益类账户，其贷方记录合作社专项基金的增加，期末余额在贷方，表示合作社专项基金的实有数额。“专项基金”账户应按照基金来源设置明细账户，进行明细核算。

（一）国家财政直接补助资金转入的核算

农民专业合作社接受国家财政直接补助的货币资金时，应按实际收到的金额，借记“银行存款”等账户，贷记“专项应付款”账户。国家财政直接补助资金用于购、建资产时，借记“固定资产”“在建工程”等账户，贷记“银行存款”等账户；资产交付使用后，借记“专项应付款”等账户，贷记“专项基金”账户。国家财政直接补助资金用于其他用途时，借记“专项应付款”等账户，贷记“银行存款”等账户，不形成专项基金。

需要特别说明的是：国家财政直接补助货币资金并不全部形成“专项基金”，只有合作社将资金使用，用于购、建各种资产，资产交付使用后，才转入“专项基金”；用于其他用途的国家财政直接补助资金，不转入“专项基金”。

农民专业合作社接受国家财政直接补助的非货币资金时，直接计入专项基金，即借记“固定资产”“产品物资”等账户，贷记“专项基金”账户。

农民专业合作社接受其他单位和个人无约定用途的捐赠时，直接计入专项基金，即借记“银行存款”“固定资产”“产品物资”等账户，贷记“专项基金”账户。

【例 4-3-3】

某苹果种植合作社于 20××年 6 月 7 日收到国家财政直接补助资金 300 000 元，指定用于保鲜库的建设。6 月 15 日，保鲜库建设购买建筑材料 180 000 元。6 月 28 日，建设保鲜库过程中领用建筑材料 180 000 元，发生人工费 100 000 元，水电费 20 000 元，款项均以银行存款支付。7 月 30 日，保鲜库建筑完成，交付使用。

(1) 20××年 6 月 7 日，收到国家财政补助资金。编制记账凭证，见证 4-3-3-1：

◎证 4-3-3-1◎

记 账 凭 证

20××年 6 月 7 日　　　　记字第　　号

摘　要	总账科目	明细科目	借方金额										贷方金额										记账
			千	百	十	万	千	百	十	元	角	分	千	百	十	万	千	百	十	元	角	分	
收国家直补资金	银行存款				3	0	0	0	0	0	0	0											
	专项应付款	保鲜库													3	0	0	0	0	0	0	0	
合　计				¥	3	0	0	0	0	0	0	0		¥	3	0	0	0	0	0	0	0	

附单据 1 张

会计主管　　　记账　　　稽核　　　出纳　　　制单 林辉

(2) 6 月 15 日，购买建筑材料。编制记账凭证，见证 4-3-3-2：

◎证 4-3-3-2◎

记 账 凭 证

20××年 6 月 15 日　　　　记字第　　号

摘　要	总账科目	明细科目	借方金额										贷方金额										记账
			千	百	十	万	千	百	十	元	角	分	千	百	十	万	千	百	十	元	角	分	
购买建筑材料	产品物资	钢材等			1	8	0	0	0	0	0	0											
	银行存款														1	8	0	0	0	0	0	0	
合　计				¥	1	8	0	0	0	0	0	0		¥	1	8	0	0	0	0	0	0	

附单据 1 张

会计主管　　　记账　　　稽核　　　出纳　　　制单 林辉

（3）6月28日，建筑工程领用材料，发生人工费、水电费等。编制记账凭证，见证4-3-3-3：

◎证4-3-3-3◎

记 账 凭 证

20××年6月28日　　　　记字第　　号

摘要	总账科目	明细科目	借方金额										贷方金额										记账
			千	百	十	万	千	百	十	元	角	分	千	百	十	万	千	百	十	元	角	分	
领用建筑材料等	在建工程	保鲜库			3	0	0	0	0	0	0	0											
领用建筑材料	产品物资	钢材等													1	8	0	0	0	0	0	0	
人工费、水电费	银行存款														1	2	0	0	0	0	0	0	
合　计				¥	3	0	0	0	0	0	0	0		¥	3	0	0	0	0	0	0	0	

附单据 3 张

会计主管　　记账　　稽核　　出纳　　制单 林辉

（4）7月30日，保鲜库建筑完成，交付使用。编制记账凭证，见证4-3-3-4：

◎证4-3-3-4◎

记 账 凭 证

20××年6月30日　　　　记字第　　号

摘要	总账科目	明细科目	借方金额										贷方金额										记账
			千	百	十	万	千	百	十	元	角	分	千	百	十	万	千	百	十	元	角	分	
保鲜库建筑完成	固定资产	保鲜库			3	0	0	0	0	0	0	0											
交付使用	在建工程	保鲜库													3	0	0	0	0	0	0	0	
合　计				¥	3	0	0	0	0	0	0	0		¥	3	0	0	0	0	0	0	0	

附单据 1 张

会计主管　　记账　　稽核　　出纳　　制单 林辉

同时结转专项应付款，编制记账凭证，见证4-3-3-5：

◎证 4-3-3-5◎

记 账 凭 证

20××年6月30日　　　　记字第　　号

摘要	总账科目	明细科目	借方金额										贷方金额										记账
			千	百	十	万	千	百	十	元	角	分	千	百	十	万	千	百	十	元	角	分	
结转专项应付款	专项应付款	保鲜库			3	0	0	0	0	0	0	0											
	专项基金	国家													3	0	0	0	0	0	0	0	
合　计				¥	3	0	0	0	0	0	0	0		¥	3	0	0	0	0	0	0	0	

附单据0张

会计主管　　　记账　　　稽核　　　出纳　　　制单 林辉

提示 合作社将国家财政直接补助资金用于新建保鲜库，形成了资产，应将这部分资金转入“专项基金”。

【例 4-3-4】

某苹果种植合作社于20××年8月5日收到国家财政补助资金20 000元，用于农民培训。于8月26日用国家财政补助资金10 000元，用于农民培训。

(1) 20××年8月5日，收到国家财政补助资金。编制记账凭证，见证4-3-4-1：

◎证 4-3-4-1◎

记 账 凭 证

20××年8月5日　　　　记字第　　号

摘要	总账科目	明细科目	借方金额										贷方金额										记账
			千	百	十	万	千	百	十	元	角	分	千	百	十	万	千	百	十	元	角	分	
收国家补助资金	银行存款					2	0	0	0	0	0	0											
	专项应付款	培训														2	0	0	0	0	0	0	
合　计					¥	2	0	0	0	0	0	0			¥	2	0	0	0	0	0	0	

附单据1张

会计主管　　　记账　　　稽核　　　出纳　　　制单 林辉

（2）8月26日，用国家财政补助资金用于农民培训的会计分录。编制记账凭证，见证4－3－4－2：

◎证4－3－4－2◎

记 账 凭 证

20××年8月26日　　　　记字第　　号

摘要	总账科目	明细科目	借方金额										贷方金额										记账
			千	百	十	万	千	百	十	元	角	分	千	百	十	万	千	百	十	元	角	分	
农民培训	专项应付款	培训				1	0	0	0	0	0	0											
	银行存款															1	0	0	0	0	0	0	
合计					¥	1	0	0	0	0	0	0			¥	1	0	0	0	0	0	0	

附单据2张

会计主管　　　记账　　　稽核　　　出纳　　　制单 林辉

提示 此项用途不转入“专项基金”，直接减少“专项应付款”。

（二）接受他人捐赠资金的核算

农民专业合作社接受他人捐赠资金，无论是货币资金还是非货币资金，在收到捐赠资金时，就增加“专项基金”。借记“固定资产”“产品物资”“银行存款”等账户，贷记“专项基金”账户。

【例4－3－5】

20××年5月20日，某苹果种植合作社收到县林场捐赠的防护用杨树苗，发票价值30 000元。编制记账凭证，见证4－3－5：

◎证4－3－5◎

记 账 凭 证

20××年5月20日　　　　记字第　　号

摘要	总账科目	明细科目	借方金额										贷方金额										记账
			千	百	十	万	千	百	十	元	角	分	千	百	十	万	千	百	十	元	角	分	
收到捐赠杨树苗	林木资产	非经济林木				3	0	0	0	0	0	0											
	专项基金	县林场														3	0	0	0	0	0	0	
合计					¥	3	0	0	0	0	0	0			¥	3	0	0	0	0	0	0	

附单据2张

会计主管　　　记账　　　稽核　　　出纳　　　制单 林辉

（三）年终结转

年终将国家财政直接补助资金转入和他人捐赠资金，按量化份额（一般是平均分给合作社成员）分配给各个成员，计入成员账户，但不进行账务处理。

三、资本公积的核算

> **提示**　村集体经济组织设置“公积公益金”科目。

资本公积指农民专业合作社用于扩大生产经营规模、承担经营风险以及集团公益事业的专用基金。资本公积主要来源于股金溢价以及实物资产评估增值等。

为了反映农民专业合作社成员资本公积的形成及使用情况，应该设置“资本公积”账户。该账户是所有者权益类账户，其贷方记录合作社资本公积的形成，借方记录合作社资本公积的使用，期末余额在贷方，表示合作社资本公积的实有数额。“资本公积”账户应按照资本公积的来源设置明细账户，进行明细核算，也可以不进行明细核算。

（一）股金溢价的核算

农民专业合作社接受成员投入的货币资金和非货币资金时，按实际收到的款项或双方确认的价值借记“银行存款”“固定资产”等账户，按成员享有的合作社注册资本的份额计算的金额，贷记“股金”账户，二者之间的差额，贷记“资本公积”账户。如【例4-3-1】和【例4-3-2】。

（二）资产重估增值的核算

农民专业合作社以实物资产对外投资时，按双方确认的价值，借记“对外投资”账户，按实物资产的账面余额，贷记“固定资产”账户，按借贷方的差额，借记或贷记“资本公积”账户。

（三）资本公积转增股金的核算

农民专业合作社的资本公积可以转增股金，根据合作社成员大会决定资本公积转增股金时，借记“资本公积”账户，贷记“股金”账户。

【例4-3-6】

20××年12月30日，某苹果种植合作社年终成员大会决定，将30 000元资本公积按成员投资比例（王城40%，李进25%，张武20%，李刚15%）转增股金。编制记账凭证，见证4-3-6：

◎证 4-3-6◎

记 账 凭 证

20××年 12 月 30 日　　　　　　　　记字第　　号

摘要	总账科目	明细科目	借方金额										贷方金额										记账	附单据1张
			千	百	十	万	千	百	十	元	角	分	千	百	十	万	千	百	十	元	角	分		
转增股金	资本公积					3	0	0	0	0	0	0												
	股金	王城														1	2	0	0	0	0	0		
	股金	李进															7	5	0	0	0	0		
	股金	张武															6	0	0	0	0	0		
	股金	李刚															4	5	0	0	0	0		
合计					¥	3	0	0	0	0	0	0			¥	3	0	0	0	0	0	0		

会计主管　　　　记账　　　　稽核　　　　出纳　　　　制单 林辉

（四）资本公积成员账户的登记

年终合作社按章程的规定，将当年实现的资本公积按照成员出资比例计算，并登记在每个成员账户，但不进行账务处理。

四、盈余公积的核算

资本公积是指农民专业合作社按照章程规定和成员大会的决定从当年盈余中提取的公积金。资本公积用于扩大生产经营规模、弥补亏损以及转增成员出资。

为了反映农民专业合作社成员资本公积的形成及使用情况，应该设置“盈余公积”账户。该账户是所有者权益类账户，其贷方记录合作社提取盈余公积的数额，借方记录合作社盈余公积的使用，期末余额在贷方，表示合作社盈余的实有数额。“盈余公积”账户应按照盈余公积的用途设置明细账户，进行明细核算。

提示　村集体经济组织设置“公积公益金”科目。

（一）盈余公积提取的核算

农民专业合作社提取盈余公积时，借记“盈余分配”账户，贷记“盈余公积”账户。

【例 4-3-7】

20××年 12 月 30 日，某苹果种植合作社年终成员大会决定，从当年盈余中提取盈余公积 10 000 元。编制记账凭证，见证 4-3-7：

◎证 4-3-7◎

记 账 凭 证

20××年 12 月 30 日　　　　记字第　　号

摘　要	总账科目	明细科目	借方金额										贷方金额										记账
			千	百	十	万	千	百	十	元	角	分	千	百	十	万	千	百	十	元	角	分	
提取盈余公积	盈余分配					1	0	0	0	0	0	0											
	盈余公积	公积金														1	0	0	0	0	0	0	
合　计					¥	1	0	0	0	0	0	0			¥	1	0	0	0	0	0	0	

附单据 1 张

会计主管　　　记账　　　稽核　　　出纳　　　制单　林辉

(二) 盈余公积转增股金的核算

农民专业合作社将盈余公积转增股金时，借记“盈余公积”账户，贷记“股金”账户。盈余公积转增股金按成员出资比例计算。

(三) 盈余公积弥补亏损的核算

农民专业合作社用盈余公积弥补亏损时，借记“盈余公积”账户，贷记“盈余分配”账户。

【例 4-3-8】

20××年 12 月 30 日，某苹果种植合作社年终成员大会决定，将盈余公积 20 000 元弥补当年的亏损。编制记账凭证，见证 4-3-8：

◎证 4-3-8◎

记 账 凭 证

20××年 12 月 30 日　　　　记字第　　号

摘　要	总账科目	明细科目	借方金额										贷方金额										记账
			千	百	十	万	千	百	十	元	角	分	千	百	十	万	千	百	十	元	角	分	
盈余公积补亏	盈余公积	公积金				2	0	0	0	0	0	0											
	盈余分配	未分配盈余														2	0	0	0	0	0	0	
合　计					¥	2	0	0	0	0	0	0			¥	2	0	0	0	0	0	0	

附单据 1 张

会计主管　　　记账　　　稽核　　　出纳　　　制单　林辉

（四）盈余公积成员账户的登记

合作社按章程的规定，年终将盈余公积按照成员出资比例和交易量的比重计算，并登记在每个成员账户，但不进行账务处理。

五、未分配盈余的核算

未分配盈余是指农民专业合作社历年积累的未指明用途的盈余，即未做分配的盈余，属于所有者权益的组成部分。年末“盈余分配—未分配盈余”二级账户，若为贷方余额，表示历年积累的未分配盈余；若为借方余额，表示历年积累的未弥补亏损。

提示 村集体经济组织设置“未分配收益”科目。

项目五

生产成本的核算

任务一　生产费用的归集和生产成本的结转
任务二　生产成本的核算

【项目目标】

1. 掌握生产费用的归集和生产成本结转的会计核算。
2. 掌握各种产品生产成本的总成本和单位成本的计算。

任务一　生产费用的归集和生产成本的结转

学习目标

1. 掌握生产费用归集的会计核算；
2. 掌握生产成本结转的会计核算。

知识储备

农民专业合作社的生产成本是指合作社直接组织生产或对非成员提供劳务等活动所发生的各项生产费用和劳务成本。

生产成本的核算就是按照一定的成本项目，归集和分配发生的生产费用，计算出各种产品的总成本和单位成本，并结转产成品成本的过程。所以农民专业合作社的生产成本的核算包括两项内容，一是生产费用的归集和生产成本的结转，二是生产成本的计算。

一、生产费用的归集

生产费用的归集就是农民专业合作社直接组织生产或对非成员提供劳务等活动所发生的各项生产费用和劳务成本按所生产的产品或劳务归集汇总。

为了反映农民专业合作社生产费用的归集和分配情况，应设置“生产成本”账户。该账户是成本类，其借方记录合作社直接组织生产或对非成员提供劳务等活动所发生的各项生产费用和劳务成本，贷方记录结转生产完工验收入库产成品的成本以及转出的劳务服务成本，期末余额在借方，表示合作社尚未生产完工的在产品成本以及尚未完成的劳务服务成本。“生产成本”账户可以按照产品的名称、成本项目（包括材料费用、工资费用、其他费用和往年费用等）和劳务服务项目设置明细账户，进行明细核算。

农民专业合作社发生各项生产费用和劳务服务成本时，按成本计算对象进行归集，借记“生产成本”账户，贷记“库存现金”“银行存款”“产品物资”“应付工资”等账户。

【例 5-1-1】

某农民专业合作社从事玉米种植业务，播种面积 10 000 亩*。春播时发生的生产费用有：领用玉米种子 20 000 元，化肥 150 000 元，农药 50 000 元；用现金支付临时人员工资 20 000 元，发生固定人员工资 30 000 元；农机具提取折旧 8 000 元。

* 亩为非法定计量单位，1 亩≈667 米^2。——编者注

1. 领用种子、化肥和农药时，编制记账凭证，见证5－1－1－1：

◎证5－1－1－1◎

记 账 凭 证

20××年　　月　　日　　　　　　　　　　　　　　记字第　　号

摘　要	总账科目	明细科目	借方金额										贷方金额										记账
			千	百	十	万	千	百	十	元	角	分	千	百	十	万	千	百	十	元	角	分	
领用产品物资	生产成本	玉米			2	2	0	0	0	0	0	0											
领用种子	产品物资	种子														2	0	0	0	0	0	0	
领用化肥	产品物资	化肥													1	5	0	0	0	0	0	0	
领用农药	产品物资	农药														5	0	0	0	0	0	0	
合　计				¥	2	2	0	0	0	0	0	0		¥	2	2	0	0	0	0	0	0	

附单据 4 张

会计主管　　　　　记账　　　　　稽核　　　　　出纳　　　　　制单 张娟

2. 发生工资费用，编制记账凭证，见证5－1－1－2：

◎证5－1－1－2◎

记 账 凭 证

20××年　　月　　日　　　　　　　　　　　　　　记字第　　号

摘　要	总账科目	明细科目	借方金额										贷方金额										记账
			千	百	十	万	千	百	十	元	角	分	千	百	十	万	千	百	十	元	角	分	
发生工资费用	生产成本	玉米				5	0	0	0	0	0	0											
	库存现金															2	0	0	0	0	0	0	
	应付工资															3	0	0	0	0	0	0	
合　计					¥	5	0	0	0	0	0	0			¥	5	0	0	0	0	0	0	

附单据 2 张

会计主管　　　　　记账　　　　　稽核　　　　　出纳　　　　　制单 张娟

3. 农机具提取折旧费用，编制记账凭证，见证5－1－1－3：

◎证 5-1-1-3◎

记　账　凭　证

20××年　　月　　日　　　　　　　　记字第　　号

摘　要	总账科目	明细科目	借方金额										贷方金额										记账
			千	百	十	万	千	百	十	元	角	分	千	百	十	万	千	百	十	元	角	分	
计提农机具折旧	生产成本	玉米					8	0	0	0	0	0											
	累计折旧																8	0	0	0	0	0	
合　计						¥	8	0	0	0	0	0				¥	8	0	0	0	0	0	

附单据 1 张

会计主管　　　　记账　　　　稽核　　　　出纳　　　　制单　张娟

二、生产成本的结转

会计期间终了，农民专业合作社已经生产完成并已验收入库的产成品应按实际成本借记“产品物资”科目，贷记“生产成本”科目。

【例 5-1-2】

某粮食生产销售专业合作社，收获水稻验收入库，计算出的生产成本为 150 000 元，结转入库产品成本时，编制记账凭证，见证 5-1-2：

◎证 5-1-2◎

记　账　凭　证

20××年　　月　　日　　　　　　　　记字第　　号

摘　要	总账科目	明细科目	借方金额										贷方金额										记账
			千	百	十	万	千	百	十	元	角	分	千	百	十	万	千	百	十	元	角	分	
收获水稻入库	产品物资	水稻			1	5	0	0	0	0	0	0											
	生产成本	水稻													1	5	0	0	0	0	0	0	
合　计				¥	1	5	0	0	0	0	0	0		¥	1	5	0	0	0	0	0	0	

附单据 1 张

会计主管　　　　记账　　　　稽核　　　　出纳　　　　制单　文莹

【例 5-1-3】

某蜂蜜生产销售专业合作社，生产完工验收入库蜂蜜一批，生产成本 80 000 元，结转入库产品成本时，编制记账凭证，见证 5-1-3：

◎证 5-1-3◎

记 账 凭 证

20××年 月 日 记字第 号

摘要	总账科目	明细科目	借方金额										贷方金额										记账
			千	百	十	万	千	百	十	元	角	分	千	百	十	万	千	百	十	元	角	分	
蜂蜜验收入库	产品物资	蜂蜜				8	0	0	0	0	0	0											
	生产成本	蜂蜜														8	0	0	0	0	0	0	
合计					¥	8	0	0	0	0	0	0			¥	8	0	0	0	0	0	0	

附单据 1 张

会计主管　　记账　　稽核　　出纳　　制单 林畅

任务二　生产成本的核算

学习目标

1. 掌握种植业生产成本的计算；
2. 掌握林业生产成本的计算；
3. 掌握畜牧业产品成本的计算。

知识储备

农民专业合作社生产成本的计算，就是计算出各种农产品的总成本和单位成本，为确定产品的售价提供依据。农民专业合作社生产成本的计算包括种植业生产成本计算、林业生产成本计算、畜牧业生产成本计算等。

一、种植业生产成本计算

种植业是栽培农作物以取得产品的生产部门。种植业作物包括粮食作物、经济作物、蔬菜作物、绿肥作物、饲料作物、牧草、花卉等一年生农作物以及人参、剑麻等多年生农作物。

（一）种植业生产成本计算的特点

1. 成本核算对象

合作社应根据种植业的生产特点和成本管理要求，按照“主要从细，次要从简”的原则确定种植业成本核算对象。主要产品确定为小麦、水稻、大豆、玉米、棉花、糖料、烟叶、草、剑麻纤维等。主要农产品应单独核算其生产成本；次要农产品可合并核算其生产成本。可供选择的成本计算对象有：

大田作物：一年生的有小麦、水稻、大豆、玉米、棉花、糖料、烟叶、草、谷类、薯类等；多年生的有人参、剑麻等。

蔬菜：包括露地蔬菜、温室蔬菜和温床蔬菜。

2. 成本计算期

由于农作物的生产周期长，品种单一，收获期比较集中，各项费用在年度中发生不均衡，所以种植业一般应一年计算一次成本。但什么时候计算，也就是种植业产品生产成本计算的截止时间因农作物产品特点而不同。粮豆的成本算至入库或在场上能够销售；棉花算至皮棉；纤维作物、香料作物、人参、啤酒花等算至纤维等初级产品；草成本算至干草；不入库的鲜活产品算至销售；入库的鲜活产品算至入库；年底尚未脱粒的作物，其产品成本算至预提脱粒费用。下年度实际发生的脱粒费用与预提费用的差额，由下年同一产品负担。

3. 成本项目

合作社应根据具体情况设置成本项目。一般情况下可设置以下成本项目：

（1）材料费用。指生产中耗用的自产或外购的种子、种苗、肥料、地膜、农药等。

（2）人工费用。指直接从事种植业生产人员的工资、工资性津贴、奖金、福利费。

（3）其他费用。指除材料、人工费用以外其他各项费用。

（二）大田作物的成本计算

1. 一年生农作物生产成本计算

农作物完成生产过程以后，一般同一种作物可生产出主产品和副产品。主产品就是生产的主要产品，如小麦、玉米等；副产品是在生产过程中随着主产品附带收获的产品，如秸秆等。由于主产品和副产品是同一生产过程生产出来的，所以在生产过程中归集的全部生产费用应该由主产品和副产品共同分担，这就需要将全部的生产费用在主产品和副产品之间进行分配。分配方法一般有三种。

（1）副产品不计成本法。副产品不计成本法就是当副产品的价值比较小，可以忽略不计，将全部生产费用由主产品承担。

主产品成本＝生产费用总额

主产品单位成本＝生产费用总额÷该种作物主产品产量

（2）估价法。估价法就是对副产品按市场价格进行估价，以此作为副产品的价值。

主产品成本＝生产费用总额－副产品的估计成本

主产品单位成本＝(生产费用总额－副产品价值)÷该种作物主产品产量

（3）实际成本与计划成本（售价）的比例法。实际成本与计划成本的比例法就是按照实际成本与计划成本（售价）的比例，将总的生产费用在主产品和副产品之间进行分配的方法。

分配率＝生产费用总额÷(主产品的计划成本＋副产品的计划成本)

主产品实际总成本＝主产品的计划成本×分配率

副产品实际总成本＝副产品的计划成本×分配率

主产品实际单位成本＝主产品实际总成本÷该种作物主产品产量

副产品实际单位成本＝副产品实际总成本÷该种作物副产品产量

【例 5-2-1】

某农民专业合作社本年收获玉米 100 000 千克，每千克计划成本为 1 元，秸秆 100 000

千克，每千克0.05元。本期实际归集的生产费用总额为95 000元。

分配率＝95000÷(100000×1＋100000×0.05)＝0.9047619

玉米实际总成本＝100000×1×0.9047619＝90476.19（元）

玉米实际单位成本＝90476.19÷100000＝0.90（元/千克）

秸秆实际总成本＝100000×0.05×0.9047619＝4523.81（元）

秸秆实际单位成本＝4523.81÷100000＝0.05（元/千克）

2. 多年生农作物（如人参等）生产成本计算

多年生农作物由于生长期和收获期不同步，所以其成本计算方法也有所不同。

（1）一次收获多年生作物成本的计算。一次收获多年生作物成本应按各年累计的生产费用计算成本，计算公式为：

$$一次收获多年生作物主产品总成本＝截至收获月份累计的生产成本－副产品价值$$

$$一次收获多年生作物主产品单位成本＝\frac{截至收获月份累计的生产成本－副产品价值}{该种作物主产品总产量}$$

（2）多次收获多年生作物成本的计算。多次收获多年生作物，在未提供产品前的累计生产费用，属于在产品成本。本年产出产成品的成本计算公式为：

$$多次收获多年生作物主产品总成本＝年初在产品成本＋本年全部生产费用－副产品价值$$

$$多次收获多年生作物主产品单位成本＝\frac{多次收获多年生作物主产品总成本}{该种作物主产品总产量}$$

（三）蔬菜生产成本的计算

1. 露天栽培蔬菜的成本计算

露天栽培蔬菜是不采取任何保护措施，在露天的大地上栽培的方式。不以蔬菜种植为主或种植面积小的合作社，在“生产成本”总分类账下设置“蔬菜”一个明细账，这样不同蔬菜的成本就要进行成本分配。计算公式为：

分配率＝生产费用总额÷某类作物的计划成本（售价）

某种作物的实际总成本＝该种作物的计划成本（售价）×分配率

某种作物的实际单位成本＝该种作物的实际总成本÷该种作物的实际产量

【例5－2－2】

某蔬菜种植专业合作社本月收获黄瓜2 000千克，每千克售价3.2元，辣椒5 000千克，每千克售价3.5元，茄子5 000千克，每千克售价2.5元。三种蔬菜本茬实际发生生产费用共计22 000元。

分配率＝22000÷(2000×3.2＋5000×3.5＋5000×2.5)＝0.604396

黄瓜实际总成本＝2000×3.2×0.604396＝3868.13（元）

黄瓜实际单位成本＝3868.13÷2000＝1.934（元/千克）

辣椒实际总成本＝5000×3.5×0.604396＝10576.93（元）

辣椒实际单位成本＝10576.93÷5000＝2.12（元/千克）

茄子实际总成本＝5000×2.5×0.604396＝7554.95（元）

辣椒实际单位成本＝7554.95÷5000＝1.51（元/千克）

2. 温床上和温室内栽培蔬菜的成本计算

温床上和温室内栽培蔬菜具有面积小，间接费用多的特点，对于能分清属于某种蔬菜耗用的直接费用，可以直接计入该蔬菜的成本，如种子、种苗等；对于不能分清的几种蔬菜共同耗用的间接费用，应按一定的标准分配计入产品成本，如人工费、灌溉费、温室折旧等费用。其分配方法有床格日数比例法（温床栽培采用）和平方米日数比例法（温室栽培采用）。

（1）床格日数比例法。计算公式为：

分配率＝温床格日成本＝待分配的生产费用÷各种温床蔬菜成长期间占用温床格总日数

温床格日数＝温床床格数×蔬菜生长日数

某种蔬菜分配的生产费用＝该种蔬菜成长期间占用温床格日数×温床格日成本

【例5-2-3】

某蔬菜生产专业合作社使用温床西红柿秧，占温床格800个，生长期20天，产量100 000株；生产茄子秧占温床格500个，生长期25天，产量80 000株。本期发生生产费用总额为5 700元。

温床格日成本＝5700÷(800×20＋500×25)＝0.2（元/格日）

西红柿秧总成本＝800×20×0.2＝3200（元）

西红柿秧单位成本＝3200÷100000＝0.032（元/株）

茄子秧总成本＝500×25×0.2＝2500（元）

茄子秧单位成本＝2500÷80000＝0.031（元/株）

（2）平方米日数比例法。计算公式为：

温室每平方米日成本＝待分配的生产费用÷各种温室蔬菜成长期间占用平方米总日数

某种蔬菜分配的生产费用＝该种蔬菜成长期间占用温室平方米日数×温室每平方米日成本

【例5-2-4】

某蔬菜生产专业合作社使用温室生产西红柿，占地800米^2，生长期50天，收获40 000千克；生产茄子占地500米^2，生长期60天，产量20 000千克。本期发生生产费用总额为3 500元。

温室每平方米日成本＝35000÷（800×50＋500×60）＝0.5（元/米^2）

西红柿总成本＝800×50×0.5＝20000（元）

西红柿单位成本＝20000÷40000＝0.5（元/千克）

茄子总成本＝500×60×0.5＝15000（元）

茄子单位成本＝15000÷20000＝0.75（元/千克）

二、林业生产成本计算

林业生产成本是指农民专业合作社从事橡胶、果、桑、茶等经济林木所发生的各项费用。

（一）林业生产成本计算的特点

1. 成本核算对象

经济林木生产成本的核算对象为橡胶、果、桑、茶等经济林木，按育苗、幼树培育和成林三个阶段分别核算成本；其他经济林木可适当合并核算成本。

2. 成本计算期

育苗成本的计算是在起苗后计算；幼树成本的计算，幼树培育是从起苗时起到成龄投产时止；幼树成林后，转为“林业资产”管理，成本计算期为一年计算一次。但各种林木产品成本的计算时间不同，一般情况下，果树算至果品可以销售；橡胶算至加工成干胶片；茶树算至加工成商品茶。没有加工设备的，橡胶可以算至鲜胶乳；茶叶可以算至采摘完鲜叶。

3. 成本项目

合作社应根据具体情况设置成本项目。一般情况下可设置以下成本项目：

（1）材料费用。指生产中耗用的自产或外购的种子、肥料、地膜、农药等。

（2）人工费用。指直接从事林业生产人员的工资、工资性津贴、奖金、福利费。

（3）其他费用。指除材料、人工费用以外的其他各项费用。

（二）育苗生产成本计算

育苗生产成本计算对象是苗圃中培育的树苗，应按每亩苗圃成本或每株树苗成本计算。计算公式为：

每亩苗圃成本＝起苗前归集的生产费用÷育苗面积

起苗部分树苗成本＝每亩苗圃成本×起苗面积＋起苗费用

每株苗圃成本＝起苗前归集的生产费用÷育苗株数

起苗部分树苗总成本＝每株苗圃成本×起苗株数＋起苗费用

【例5-2-5】

某苗圃培育专业合作社，本期培育小叶杨树苗500亩，共计20 000株，起苗前归集的生产费用总额 50 000 元，本年起用面积 200 亩，4 000 株。起苗费用 5 000 元。

每株苗圃成本 = 50000 ÷ 20000 = 2.5（元/株）

起苗部分杨树苗总成本 = 2.5 × 4000 + 5000 = 15000（元）

起苗部分杨树苗单位成本 = 15000 ÷ 4000 = 3.75（元/株）

（三）幼树培育生产成本计算

幼树培育是从树苗起苗开始到成龄投产时止。这一阶段要经过若干年才能完成。在幼树培育期间所发生的幼树培植费用是幼树的培育成本。这期间的培植费用形成林木资产，此期间获得的收入，冲减培植费用。幼树培育成本的计算公式为：

每亩幼树培育成本＝(幼树培育期间累计培植费用－培育期间收入)÷营造面积

（四）林木产品生产成本计算

成林阶段就是幼树成龄投产后，发生的培植费用等，通常按林木产品的品种或类别进行归集。林木产品成本的计算公式为：

本期林木产品总成本＝本期经济林木本年摊销额＋本期归集的生产费用－副产品价值

本期林木产品单位成本＝本期林木产品总成本÷本期该产品产量

三、畜牧业生产成本的计算

畜牧业是通过人工的饲养繁殖取得产品的部门，包括养猪、牛、羊、禽等。

（一）畜牧业生产成本计算的特点

1. 成本核算对象

畜牧业生产成本的计算，可以实行分群核算，也可以实行混群核算。实行分群核算的成本计算对象是各种畜禽的群别，如养猪业分为基本猪群、2～4 个月幼猪群、4 个月以上育肥猪群；混群核算是按畜禽种类划分，成本计算对象是畜禽种类。

2. 成本计算期

畜牧业产品一般应一年计算一次成本，年内经常有产品的合作社可以按月计算成本。

3. 成本项目

合作社应根据具体情况设置成本项目。一般情况下可设置以下成本项目：

(1) 材料费用。指饲养中耗用的精饲料、粗饲料等饲料以及动力费用等。

(2) 人工费用。指直接从事畜牧业生产人员的工资、工资性津贴、奖金、福利费。

(3) 其他费用。指除材料费用、人工费用以外的其他各项费用。

4. 畜禽动态登记簿

畜牧业成本与畜禽的重量变动有着密切关系，进行成本计算，必须建立“畜禽动态登记簿”，记录繁殖、转入、购入等增加数，出售、转出、死亡等减少数，以及期初期末存栏数。“畜禽动态登记簿”的格式见表5-2-1：

◎表5-2-1◎

畜禽动态登记簿

畜禽类别：

畜禽群别：　　　　　　　　　　　　年　月

日期	期初数		增加								减少								期末数	
			繁殖		转入		购入		合计		出售		转出		死亡		合计			
	头数	重量	头数	重量	头数	重量	头数	重量	头数	重量	头数	重量	头数	重量	头数	重量	头数	重量	头数	重量

（二）分群核算

1. 养牛业成本计算

养牛业把牛分成基本牛群（包括乳牛和种公牛）、未满6个月的仔牛（指出生后至6个月断奶牛群）、6个月以上幼牛（包括初孕母牛和成龄育肥牛）。

（1）基本牛群成本计算。

【例5-2-6】

某养牛专业合作社，本年基本牛群饲养费用总额为50 000元，种牛成本摊销1 000元，产仔牛10头，产牛乳50 000千克，已出售，另外有牛毛价值500元。成本计算公式和结果如下：

主产品（牛乳）总成本＝饲养费用＋种牛成本摊销－副产品价值

＝50000＋1000－500＝50500（元）

主产品（牛乳）单位成本＝(饲养费用＋种牛成本摊销－副产品价值)÷主产品总产量

＝(50000＋1000－500)÷50000＝1.01（元/千克）

（2）仔牛和幼牛群成本计算。仔牛和幼牛群的主要产品是增重量，而增重量又与活重量相联系，所以既要计算增重成本，又要计算活重成本。

【例5-2-7】

某养牛专业合作社，本年6个月以下仔牛群饲养费用为40 000元，厩肥估价为500元。其他资料见表5-2-2：

◎表 5-2-2◎

畜禽动态登记簿

畜禽类别：牛

畜禽群别：6 个月以下仔牛群　　　　20××年 12 月

日期	期初数		增加						减少						期末数	
			转入		购入		合计		转出		死亡		合计			
	头数	重量	头数	重量	头数	重量	头数	重量	头数	重量	头数	重量	头数	重量	头数	重量
	30	600	120	1 700	30	450	150	2 150	158	14 200	2	30	160	14 230	20	1 000
成本	800		4 000		3 600		8 400									

成本计算公式和结果如下：

● 6 个月以下仔牛群增重量及增重单位成本

仔牛群（或幼牛群）增重量＝期末存栏活量＋本期离群活量（不包括死亡重量）

－(期初活量＋期内购入活量＋转入活量)

＝1000＋14200－(600＋1700＋450)＝12450（千克）

仔牛群增重量（或幼牛群）增重单位成本＝(该牛群饲养费用－副产品价值)÷增重量

＝(40000－500)÷12450＝3. 17（元/千克）

● 6 个月以下仔牛群活重成本

仔牛群（或幼牛群）活重量＝期末存栏活量＋本期离群活量（不包括死亡重量）

＝1000＋14200＝15200（千克）

仔牛群（或幼牛群）活重单位成本＝(期初活重成本＋购入转入价值＋本期饲养费用－副产品价值)÷仔牛群（或幼牛群）活重量

＝(800＋4000＋3600＋40000－500)÷15200

＝3. 15（元/千克）

（3）牛群饲养头/日成本的计算。

牛群饲养头/日成本＝该牛群本期饲养费用÷该牛群本期饲养头日数

牛群本期饲养头日数＝该牛群本期饲养头数×本期饲养日数

2. 养猪业成本计算

养猪业把猪分成基本猪群（包括母猪、公猪、检定母猪和未满两个月的仔猪）；2～4 个月幼猪群；4 个月以上的育肥猪群。

（1）基本猪群成本计算。基本猪群的主要职能是繁殖仔猪，其主产品就是仔猪，副产品就是厩肥、猪鬃等。其成本计算程序是：首先计算主产品成本；其次计算仔猪出生活重和出生后 2 个月内增重的单位成本以及仔猪活重单位成本；最后计算断乳仔猪和期末结存未断乳仔猪的总成本。有关的计算公式为：

主产品成本＝基本猪群饲养费用＋种猪成本摊销－副产品价值

$$\text{仔猪出生活重和出生后2个月内增重的单位成本}=\frac{\text{基本猪群饲养费用}+\text{种猪成本摊销}-\text{副产品价值}}{\text{出生活重}+\text{出生后2个月增重}}$$

$$\text{仔猪活重单位成本}=\frac{\text{期初结存断乳仔猪成本}+\text{基本猪群饲养费用}+\text{种猪成本摊销}-\text{副产品价值}}{\text{本期断乳仔猪转群时总活重}+\text{期末结存未断乳仔猪总活重}}$$

断乳仔猪总成本＝断乳仔猪转群时总活重×仔猪活重单位成本

未断乳仔猪总成本＝未断乳仔猪总活重×仔猪活重单位成本

每头断乳猪成本＝断乳仔猪总成本÷断乳猪头数

每头未断乳猪成本＝未断乳仔猪总成本÷未断乳猪头数

（2）幼猪和育肥猪成本计算。幼猪和育肥猪成本计算与仔牛和幼牛群成本计算相同。

（三）混群核算成本

混群核算是为了适应畜禽混群饲养的管理要求，不分畜禽年龄而以畜禽种类为成本计算对象的一种核算方法。这种方法只计算本期销售畜禽的总成本和单位成本，适用于饲养量较少的农民专业合作社。计算公式为：

某类畜禽销售总成本＝期初存栏畜禽价值＋本期外购畜禽价值＋本期饲养费用－（期末存栏畜禽价值＋副产品价值）

某类畜禽销售单位成本＝某类畜禽销售总成本÷销售畜禽的总重量（或总数量）

项目六

收入、费用和盈余（收益）的核算

任务一　收入的核算
任务二　费用的核算
任务三　盈余（收益）的核算

农村经济

【项目目标】

1. 学会各项收入的核算。
2. 学会各项费用的核算。
3. 学会盈余（收益）的核算。

任务一　收入的核算

学习目标

1. 学会农民专业合作社经营收入、其他收入、投资收益的核算及期末结转；

2. 学会村集体经济组织发包及上交收入、农业税附加返还收入和补助收入的核算。

知识储备

收入是农民专业合作社在销售商品、提供劳务、让渡资产使用权、为成员代购代销产品物资，向成员提供技术、信息服务等活动中产生的经济利益的总流入。农民专业合作社的收入包括经营收入、投资收益和其他收入。

一、经营收入

农民专业合作社的经营收入是指合作社在销售商品、提供劳务，为成员代购代销产品物资，向成员提供技术、信息服务等活动中产生的收入。

为了反映农民专业合作社经营收入的增加和结转情况，应该设置“经营收入”账户。该账户是损益类，其贷方记录收入的增加，借方记录期末转入“本年盈余”账户的金额，结转之后该账户无余额。“经营收入”账户按照经营项目设置明细，进行明细核算。

（一）经营收入增加的核算

农民专业合作社的经营收入实现时，按实际收到的价款或应收的款项借记“银行存款”“库存现金”“应收款”“成员往来”等账户，贷记“经营收入”账户。

【例 6－1－1】

20××年 10 月 15 日，某苹果种植合作社销售本社生产的苹果 1 000 千克，每千克 3 元，款项 3 000 元，已存入银行。苹果成本为每千克 2 元。编制记账凭证，见证 6－1－1：

◎证 6－1－1◎

记 账 凭 证

20××年 10 月 15 日　　　　记字第　　号

摘要	总账科目	明细科目	借方金额										贷方金额										记账
			千	百	十	万	千	百	十	元	角	分	千	百	十	万	千	百	十	元	角	分	
销售苹果	银行存款						3	0	0	0	0	0											
	经营收入	苹果															3	0	0	0	0	0	
合计						¥	3	0	0	0	0	0				¥	3	0	0	0	0	0	

附单据 2 张

会计主管　　　　记账　　　　稽核　　　　出纳　　　　制单 林畅

【例 6－1－2】

20××年 10 月 18 日，某苹果种植合作社为本社成员王越代储苹果一批，收取储藏费 1 000 元，款未收。编制记账凭证，见证 6－1－2：

◎证 6－1－2◎

记 账 凭 证

20××年 10 月 18 日　　　　记字第　　号

摘要	总账科目	明细科目	借方金额										贷方金额										记账
			千	百	十	万	千	百	十	元	角	分	千	百	十	万	千	百	十	元	角	分	
收成员储藏费	成员往来	王越					1	0	0	0	0	0											
	经营收入	苹果储藏															1	0	0	0	0	0	
合计						¥	1	0	0	0	0	0				¥	1	0	0	0	0	0	

附单据 1 张

会计主管　　　　记账　　　　稽核　　　　出纳　　　　制单 林畅

（二）经营收入期末结转的核算

年末农民专业合作社将“经营收入”账户的贷方余额转入“本年盈余”账户时，借记“经营收入”账户，贷记“本年盈余”账户。

【例 6-1-3】

20××年 12 月 31 日，某苹果种植合作社年末“经营收入”账户的余额为 120 000 元，其中苹果销售收入 100 000 元，水果储藏收入 10 000 元，代销收入 10 000 元。编制记账凭证，见证 6-1-3：

◎证 6-1-3◎

记 账 凭 证

20××年 12 月 31 日 记字第 121 号

摘要	总账科目	明细科目	借方金额										贷方金额										记账
			千	百	十	万	千	百	十	元	角	分	千	百	十	万	千	百	十	元	角	分	
年末结转经营收入	经营收入	苹果			1	0	0	0	0	0	0	0											
		水果储藏				1	0	0	0	0	0	0											
		代销				1	0	0	0	0	0	0											
	本年盈余														1	2	0	0	0	0	0	0	
合计				¥	1	2	0	0	0	0	0	0		¥	1	2	0	0	0	0	0	0	

附单据 0 张

会计主管 记账 稽核 出纳 制单 林畅

二、其他收入

农民专业合作社的其他收入是指合作社除经营收入以外的收入。包括无主应付债务收入、存款利息收入、无形资产出租和出售收入、固定资产的清理净收益、产品物资盘盈收入、罚款收入等。

为了反映农民专业合作社其他收入的增加和结转情况，应该设置“其他收入”账户。该账户是损益类，其贷方记录其他收入的增加，借方记录期末转入“本年盈余”账户金额，结转之后该账户无余额。“其他收入”账户按照收入项目设置明细，进行明细核算。

（一）其他收入增加的核算

农民专业合作社的其他收入实现时，借记“银行存款”“库存现金”“应付款”“固定资产清理”等账户，贷记“其他收入”账户。

（二）其他收入期末结转的核算

年末农民专业合作社将“其他收入”账户的余额转入“本年盈余”账户时，借记“其他收入”，贷记“本年盈余”账户。

三、投资收益

农民专业合作社对外投资所取得的回报，包括投资收益和投资损失。投资收益包括对外投资分得的利润、现金股利、债券利息，以及投资到期收回或中途转让取得的款项高于账面余额的差额等；投资损失包括投资到期收回或中途转让取得的款项低于账面余额的差额。

为了反映农民专业合作社的投资收益和投资损失情况，应该设置“投资收益”账户。该账户是损益类，其贷方记录对外投资取得的收益，借方记录对外投资发生的损失。“投资收益”账户期末结转之后无余额。“投资收益”账户按照投资项目设置明细，进行明细核算。

（一）取得投资收益的核算

农民专业合作社对外投资取得收益时，借记“银行存款”“库存现金”“应收款”等账户，贷记“投资收益”账户。

（二）发生投资损失的核算

农民专业合作社对外投资发生损失时，借记“投资收益”账户。

（三）投资收益期末结转的核算

年末农民专业合作社将“投资收益”账户的余额，转入“本年盈余”账户。如果“投资收益”账户是贷方余额，借记“投资收益”，贷记“本年盈余”账户；如果“投资收益”账户是借方余额，则借记“本年盈余”，贷记“投资收益”账户。

【例 6－1－4】

20××年 12 月 31 日，某苹果种植合作社年末“投资收益”账户是贷方余额 30 000 元。编制记账凭证，见证 6－1－4：

◎证 6－1－4◎

记 账 凭 证

20××年 12 月 31 日　　　　　　记字第 125 号

摘要	总账科目	明细科目	借方金额										贷方金额										记账
			千	百	十	万	千	百	十	元	角	分	千	百	十	万	千	百	十	元	角	分	
年末结转	投资收益					3	0	0	0	0	0	0											
	本年盈余															3	0	0	0	0	0	0	
合计					¥	3	0	0	0	0	0	0			¥	3	0	0	0	0	0	0	

附单据 0 张

会计主管　　　　记账　　　　稽核　　　　出纳　　　　制单 林畅

加油站

村集体经济组织收入的核算

村集体经济组织的收入除了经营收入、其他收入和投资收益以外，还包括发包及上交收入、农业税附加返还收入和补助收入。

一、发包及上交收入

发包及上交收入主要是指村集体经济组织将所属的耕地、林地、鱼塘以及村办的企业等承包给单位或者个人经营所取得的收入。包括发包收入和上交收入两部分。

发包收入是指村集体经济组织将所属的耕地、林地、鱼塘等承包给单位或者个人经营，按合同规定所取得的承包收入；上交收入是指村集体经济组织将所属村办的企业等承包给单位或者个人经营，承包的单位或个人按合同向村集体经济组织上交的利润或其他款项。

为了反映村集体经济组织的发包及上交收入的增加和结转情况，应该设置“发包及上交收入”账户。该账户是损益类账户，其贷方记录收入的增加，借方记录期末转入“本年盈余”账户金额，结转之后该账户无余额。“发包及上交收入”账户设置“发包收入”和“上交收入”两个明细账，进行明细核算。

（一）发包及上交收入增加的核算

村集体经济组织确认并收到承包户上交的承包金和村办企业上交的款项时，借记“银行存款”或“库存现金”账户，贷记“发包及上交收入”账户；村集体经济组织确认但未收到承包户上交的承包金和村办企业上交的款项时，借记“应收款”或“内部往来”账户，贷记“发包及上交收入”账户。

【例6-1-5】

20××年8月8日，娄家村收到章武上交的承包苹果园的承包费10 000元现金。编制记账凭证，见证6-1-5：

◎证6-1-5◎

记 账 凭 证

20××年8月8日　　　　记字第022号

摘要	总账科目	明细科目	借方金额										贷方金额										记账
			千	百	十	万	千	百	十	元	角	分	千	百	十	万	千	百	十	元	角	分	
收承包费	库存现金					1	0	0	0	0	0	0											
	发包及上交收入	发包收入														1	0	0	0	0	0	0	
合计					¥	1	0	0	0	0	0	0			¥	1	0	0	0	0	0	0	

附单据1张

会计主管　　记账　　稽核　　出纳　　制单 刘华

【例6-1-6】

20××年8月9日，娄家村收到村办纸箱厂上交的利润4 000元，存入银行。编制记账凭证，见证6-1-6：

◎证6-1-6◎

记 账 凭 证

20××年8月9日　　　　记字第030号

摘要	总账科目	明细科目	借方金额										贷方金额										记账
			千	百	十	万	千	百	十	元	角	分	千	百	十	万	千	百	十	元	角	分	
收上交利润	银行存款						4	0	0	0	0	0											
	发包及上交收入	上交收入															4	0	0	0	0	0	
合计						¥	4	0	0	0	0	0				¥	4	0	0	0	0	0	

附单据1张

会计主管　　记账　　稽核　　出纳　　制单 刘华

【例 6-1-7】

20××年 8 月 9 日，娄家村的任建国承包村里的鱼塘，承包费 3 000 元，本月应交但尚未收到。编制记账凭证，见证 6-1-7：

◎证 6-1-7◎

记 账 凭 证

20××年 8 月 9 日　　　　记字第 040 号

摘　要	总账科目	明细科目	借方金额										贷方金额										记账
			千	百	十	万	千	百	十	元	角	分	千	百	十	万	千	百	十	元	角	分	
取得承包收入	内部往来						3	0	0	0	0	0											
	发包及上交收入	发包收入															3	0	0	0	0	0	
合　计						¥	3	0	0	0	0	0				¥	3	0	0	0	0	0	

附单据 1 张

会计主管　　　　记账　　　　稽核　　　　出纳　　　　制单 刘华

（二）发包及上交收入期末结转的核算

年末村集体经济组织将“发包及上交收入”账户的余额，转入“本年收益”账户，借记“发包及上交收入”，贷记“本年收益”账户。

【例 6-1-8】

20××年 12 月 31 日，娄家村年末“发包及上交收入”账户是贷方余额 30 000 元。编制记账凭证，见证 6-1-8：

◎证 6-1-8◎

记 账 凭 证

20××年 12 月 31 日　　　　记字第 042 号

摘　要	总账科目	明细科目	借方金额										贷方金额										记账
			千	百	十	万	千	百	十	元	角	分	千	百	十	万	千	百	十	元	角	分	
年末结转	发包及上交收入					3	0	0	0	0	0	0											
	本年收益															3	0	0	0	0	0	0	
合　计					¥	3	0	0	0	0	0	0			¥	3	0	0	0	0	0	0	

附单据 0 张

会计主管　　　　记账　　　　稽核　　　　出纳　　　　制单 刘华

二、农业税附加返还收入

农业税附加返还收入是指村集体经济组织按有关规定收到财政部门返还的农业税附加、牧业税附加等资金。

为了反映村集体经济组织的农业税附加返还收入的增加和结转情况，应该设置“农业税附加返还收入”账户。该账户是损益类账户，其贷方记录农业税附加返还收入的增加，借方记录期末转入“本年盈余”账户的金额，结转之后该账户无余额。“农业税附加返还收入”账户按返还项目设置明细账，进行明细核算。

村集体经济组织收到税务部门返还的农业附加税时，借记“银行存款”账户，贷记“农业税附加返还收入”账户；期末结转时，借记“农业税附加返还收入”账户，贷记“本年收益”账户。

【例 6-1-9】

20××年 8 月 10 日，娄家村收到乡财政所从农业银行转来的农业税附加返还款 2 000 元。编制记账凭证，见证 6-1-9：

◎证 6-1-9◎

记 账 凭 证

20××年 8 月 10 日　　　　记字第 061 号

摘要	总账科目	明细科目	借方金额										贷方金额										记账
			千	百	十	万	千	百	十	元	角	分	千	百	十	万	千	百	十	元	角	分	
收到农业税	银行存款						2	0	0	0	0	0											
附加返还	农业税附加返还收入																2	0	0	0	0	0	
合　计						¥	2	0	0	0	0	0				¥	2	0	0	0	0	0	

附单据 2 张

会计主管　　记账　　稽核　　出纳　　制单 刘华

三、补助收入

补助收入主要是指村集体经济组织获得的财政等有关部门的补助资金。

为了反映村集体经济组织的补助收入增加和结转情况，应该设置“补助收入”账户。该账户是损益类，其贷方记录补助收入的增加，借方记录期末转入“本年收益”的金额，结转之后该账户无余额。“补助收入”账户按补助项目设置明细账，进行明细核算。

村集体经济组织收到财政等部门拨入的款项时，借记“银行存款”账户，贷记“补助收入”账户；期末结转时，借记“补助收入”账户，贷记“本年收益”账户。

【例 6－1－10】

20××年 8 月 15 日，娄家村收到乡财政所从农业银行转来的补助款 30 000 元。编制记账凭证，见证 6－1－10：

◎证 6－1－10◎

记　账　凭　证

20××年 8 月 15 日　　　　　　记字第 065 号

摘　要	总账科目	明细科目	借方金额										贷方金额										记账
			千	百	十	万	千	百	十	元	角	分	千	百	十	万	千	百	十	元	角	分	
收补助收入	银行存款					3	0	0	0	0	0	0											
	补助收入															3	0	0	0	0	0	0	
合　计					¥	3	0	0	0	0	0	0			¥	3	0	0	0	0	0	0	

附单据 2 张

会计主管　　　　记账　　　　稽核　　　　出纳　　　　制单 刘华

任务二　费用的核算

学习目标

学会农民专业合作社经营支出、其他支出、管理费用的核算及期末结转。

知识储备

费用是农民专业合作社为组织生产经营和管理活动所发生的各种耗费的总和。农民专业合作社的费用包括经营支出、管理费用和其他支出。

一、经营支出

农民专业合作社的经营支出是指合作社在销售商品、提供劳务，为成员代购代销产品物资，向成员提供技术、信息服务等活动中产生的实际支出。也就是与获得经营收入有关的支出，都属于经营支出。

为了反映农民专业合作社经营支出的发生和结转情况，应该设置“经营支出”账户。该账户是损益类账户，其借方记录实际发生的经营支出，贷方记录期末转入“本年盈余”账户的金额，结转之后该账户无余额。“经营支出”账户按照经营项目设置明细，进行明细核算。

（一）经营支出发生的核算

农民专业合作社发生经营支出时，按实际款项借记“经营支出”，贷记“产品物资”“生产成本”“应付款”“成员往来”“应付工资”账户等。

【例 6-2-1】

20××年 8 月 2 日，某苹果种植合作社销售本社生产的苹果 1000 千克，每千克 3 元，款项 3000 元，已存入银行。苹果成本为每千克 2 元。

1. 销售苹果取得收入，编制记账凭证，见证 6-2-1-1：

◎证 6-2-1-1◎

记 账 凭 证

20××年 8 月 2 日　　　　　　　　记字第 005 号

摘要	总账科目	明细科目	借方金额										贷方金额										记账
			千	百	十	万	千	百	十	元	角	分	千	百	十	万	千	百	十	元	角	分	
销售苹果	银行存款						3	0	0	0	0	0											
	经营收入	苹果															3	0	0	0	0	0	
合计						¥	3	0	0	0	0	0				¥	3	0	0	0	0	0	

附单据 2 张

会计主管　　记账　　稽核　　出纳　　制单 林畅

2. 结转已销苹果生产成本，编制记账凭证，见证 6-2-1-2:

◎证 6-2-1-2◎

记 账 凭 证

20××年 8 月 2 日　　　　　　　　记字第 006 号

摘要	总账科目	明细科目	借方金额										贷方金额										记账
			千	百	十	万	千	百	十	元	角	分	千	百	十	万	千	百	十	元	角	分	
结转生产成本	经营支出	苹果					2	0	0	0	0	0											
	生产成本	苹果															2	0	0	0	0	0	
合计						¥	2	0	0	0	0	0				¥	2	0	0	0	0	0	

附单据　张

会计主管　　记账　　稽核　　出纳　　制单 刘畅

【例 6-2-2】

20××年 8 月 5 日，某苹果种植合作社以银行存款支付广告费 1 000 元。编制记账凭证，见证 6-2-2:

◎证 6-2-2◎

记 账 凭 证

20××年 8月 5日　　　　　　　　　　记字第 018 号

摘要	总账科目	明细科目	借方金额										贷方金额										记账
			千	百	十	万	千	百	十	元	角	分	千	百	十	万	千	百	十	元	角	分	
付广告费	经营支出	苹果					1	0	0	0	0	0											
	银行存款																1	0	0	0	0	0	
合计						¥	1	0	0	0	0	0				¥	1	0	0	0	0	0	

附单据 2 张

会计主管　　　　记账　　　　稽核　　　　出纳　　　　制单 刘畅

【例 6-2-3】

20××年 8 月 6 日，某苹果种植合作社以现金支付销售苹果的运杂费 3 000 元。编制记账凭证，见证 6-2-3：

◎证 6-2-3◎

记 账 凭 证

20××年 8月 6日　　　　　　　　　　记字第 032 号

摘要	总账科目	明细科目	借方金额										贷方金额										记账
			千	百	十	万	千	百	十	元	角	分	千	百	十	万	千	百	十	元	角	分	
支付运杂费	经营支出	苹果					3	0	0	0	0	0											
	库存现金																3	0	0	0	0	0	
合计						¥	3	0	0	0	0	0				¥	3	0	0	0	0	0	

附单据 2 张

会计主管　　　　记账　　　　稽核　　　　出纳　　　　制单 刘畅

（二）经营支出期末结转的核算

年末农民专业合作社将“经营支出”账户的余额转入“本年盈余”账户时，借记“本年盈余”，贷记“经营支出”账户。

二、管理费用

农民专业合作社的管理费用是指合作社为管理合作社的各项活动而发生的支出，包括管理人员的工资、办公费、差旅费、业务招待费、管理用固定资产的折旧费和无形资产的摊销等。

为了反映农民专业合作社管理费用的发生和结转情况，应该设置“管理费用”账户。该账户是损益类，其借方记录实际发生的管理费用，贷方记录期末转入“本年盈余”账户的金额，结转之后该账户无余额。“管理费用”账户按照管理项目设置明细，进行明细核算。

（一）管理费用发生的核算

农民专业合作社发生管理费用时，按实际支付的款项借记“管理费用”账户，贷记“银行存款”“应付工资”“累计折旧”“无形资产”“应付款”等账户。

【例 6-2-4】

20××年 8 月 9 日，某苹果种植合作社用现金支付业务招待费 2 000 元，支付管理人员差旅费 1 000 元。编制记账凭证，见证 6-2-4：

◎证 6-2-4◎

记　账　凭　证

20××年 8 月 9 日　　　　记字第 042 号

摘　要	总账科目	明细科目	借方金额										贷方金额										记账
			千	百	十	万	千	百	十	元	角	分	千	百	十	万	千	百	十	元	角	分	
支付管理费	管理费用	招待费					2	0	0	0	0	0											
	管理费用	差旅费					1	0	0	0	0	0											
	库存现金																3	0	0	0	0	0	
合　计						¥	3	0	0	0	0	0				¥	3	0	0	0	0	0	

附单据 2 张

会计主管　　记账　　稽核　　出纳　　制单 刘畅

【例 6-2-5】

20××年 8 月 31 日，某苹果种植合作社期末提取管理人员工资 20 000 元，管理用固定资产提取折旧 4 000 元。编制记账凭证，见证 6-2-5：

◎证 6-2-5◎

记 账 凭 证

20××年 8 月 31 日　　　　记字第 099 号

摘要	总账科目	明细科目	借方金额										贷方金额										记账
			千	百	十	万	千	百	十	元	角	分	千	百	十	万	千	百	十	元	角	分	
提取管理费用	管理费用	工资				2	0	0	0	0	0	0											
	管理费用	折旧					4	0	0	0	0	0											
	应付工资															2	0	0	0	0	0	0	
	累计折旧																4	0	0	0	0	0	
合　计					¥	2	4	0	0	0	0	0			¥	2	4	0	0	0	0	0	

附单据　　张

会计主管　　　　记账　　　　稽核　　　　出纳　　　　制单 刘畅

（二）管理费用期末结转的核算

年末农民专业合作社将“管理费用”账户的余额转入“本年盈余”账户时，借记“本年盈余”，贷记“管理费用”账户。

三、其他支出

农民专业合作社的支出是指合作社除了经营支出和管理费用以外的支出，包括利息支出、捐赠支出、罚款支出、固定资产清理净损失、农业资产死亡毁损发生的支出或损失等。

为了反映农民专业合作社其他支出的发生和结转情况，应该设置“其他支出”账户。该账户是损益类账户，其借方记录实际发生的其他支出，贷方记录期末转入“本年盈余”账户的金额，结转之后该账户无余额。“其他支出”账户按照支出项目设置明细，进行明细核算。

（一）其他支出发生的核算

农民专业合作社发生其他支出时，按实际支付的款项借记“其他支出”账户，贷记“银行存款”“应付工资”“累计折旧”“固定资产清理”“应付款”等账户。

【例 6-2-6】

20××年 8 月 18 日，某苹果种植合作社以现金支付汽车违章罚款 200 元。

◆**分析**　该项业务使合作社现金减少，贷记“现金”，借记“其他支出”。编制记账凭证，见证 6-2-6：

◎证 6－2－6◎

记 账 凭 证

20××年 8 月 18 日　　　　记字第 066 号

摘要	总账科目	明细科目	借方金额										贷方金额										记账
			千	百	十	万	千	百	十	元	角	分	千	百	十	万	千	百	十	元	角	分	
支付罚款	其他支出							2	0	0	0	0											
	库存现金																	2	0	0	0	0	
合计							¥	2	0	0	0	0					¥	2	0	0	0	0	

附单据 1 张

会计主管　　记账　　稽核　　出纳　　制单 刘畅

【例 6－2－7】

20××年 8 月 19 日，某苹果种植合作社仓库进水，损失化肥 3 200 元。保险公司应赔偿 2 000 元，其他经批准计入其他支出。

◆分析　该项业务使合作社化肥减少，贷记“产品物资”账户，由保险公司赔偿部分借记“应收款”账户，其余部分借记“其他支出”账户。编制记账凭证，见证 6－2－7：

◎证 6－2－7◎

记 账 凭 证

20××年 8 月 19 日　　　　记字第 071 号

摘要	总账科目	明细科目	借方金额										贷方金额										记账
			千	百	十	万	千	百	十	元	角	分	千	百	十	万	千	百	十	元	角	分	
损失化肥	其他支出						1	2	0	0	0	0											
	应收款	保险公司					2	0	0	0	0	0											
	产品物资	化肥															3	2	0	0	0	0	
合计						¥	3	2	0	0	0	0				¥	3	2	0	0	0	0	

附单据 2 张

会计主管　　记账　　稽核　　出纳　　制单 刘畅

（二）其他支出期末结转的核算

年末农民专业合作社将“其他支出”账户的余额转入“本年盈余”账户时，借记“本年盈余”，贷记“其他支出”账户。

任务三　盈余（收益）的核算

学习目标

1. 学会农民专业合作社本年盈余和盈余分配的核算；
2. 学会村集体经济组织收益和收益分配的核算。

知识储备

一、盈余

盈余是指农民专业合作社在一个会计年度内组织生产和提供服务活动所取得的净收入（净盈余）。

本年盈余＝经营收益＋其他收入－其他支出

经营收益＝经营收入＋投资收益－经营支出－管理费用

二、本年盈余的核算

为了反映农民专业合作社成员本年盈余的实现情况，应该设置“本年盈余”账户。该账户是所有者权益类，其贷方记录期末转入的各项收入，借方记录转入的各项支出，期末余额在贷方，表示合作社本年实现的盈余，期末余额在借方，表示合作社本年实现的亏损。“本年盈余”不进行明细核算。

（一）期末各项收入结转的核算

合作社在会计年末结转各项收入时，借记“经营收入”“其他收入”“投资收益”（贷方余额）账户，贷记“本年盈余”账户。如果“投资收益”是借方余额，则借记“本年盈余”账户，贷记“投资收益”账户。

【例 6－3－1】

20××年末，某苹果种植合作社“经营收入”“其他收入”“投资收益”账户的贷方余额分别是：160 000 元、30 000 元和 10 000 元。编制期末结转的记账凭证，见证 6－3－1：

◎证 6-3-1◎

记 账 凭 证

20××年 12 月 31 日　　　　记字第 134 号

摘要	总账科目	明细科目	借方金额										贷方金额										记账
			千	百	十	万	千	百	十	元	角	分	千	百	十	万	千	百	十	元	角	分	
年末结转	经营收入				1	6	0	0	0	0	0	0											
	其他收入					3	0	0	0	0	0	0											
	投资收益					1	0	0	0	0	0	0											
	本年盈余														2	0	0	0	0	0	0	0	
合计				¥	2	0	0	0	0	0	0	0		¥	2	0	0	0	0	0	0	0	

附单据　张

会计主管　　　记账　　　稽核　　　出纳　　　制单 刘畅

（二）期末各项支出结转的核算

合作社在会计年末结转各项支出时，借记“本年盈余”，贷记“经营支出”“其他支出”“管理费用”账户。

【例 6-3-2】

20××年末，某苹果种植合作社“经营支出”“其他支出”“管理费用”账户的借方余额分别是：90 000 元、10 000 元和 20 000 元。编制期末结转的记账凭证，见证 6-3-2：

◎证 6-3-2◎

记 账 凭 证

20××年 12 月 31 日　　　　记字第 135 号

摘要	总账科目	明细科目	借方金额										贷方金额										记账
			千	百	十	万	千	百	十	元	角	分	千	百	十	万	千	百	十	元	角	分	
年末结转	本年盈余				1	2	0	0	0	0	0	0											
	经营支出															9	0	0	0	0	0	0	
	其他支出															1	0	0	0	0	0	0	
	管理费用															2	0	0	0	0	0	0	
合计				¥	1	2	0	0	0	0	0	0		¥	1	2	0	0	0	0	0	0	

附单据　张

会计主管　　　记账　　　稽核　　　出纳　　　制单 刘畅

（三）本年盈余期末结转的核算

年度终了，“本年盈余”账户的借贷之间的差额为贷方差额，则借记“本年盈余”账户，贷记“盈余分配—未分配盈余”账户；如是借方差额，则借记“盈余分配—未分配盈余”账户，贷记“本年盈余”账户，结转之后“本年盈余”无余额。

【例 6－3－3】

承【例 6－3－1】和【例 6－3－2】，20××年末，某苹果种植合作社“本年盈余”账户的借贷方差额为贷方差额 80 000 元，借记“本年盈余”账户，贷记“盈余分配—未分配盈余”账户。编制记账凭证，见证 6－3－3：

◎证 6－3－3◎

记 账 凭 证

20××年 12 月 31 日　　　　记字第 136 号

摘要	总账科目	明细科目	借方金额										贷方金额										记账
			千	百	十	万	千	百	十	元	角	分	千	百	十	万	千	百	十	元	角	分	
年末结转	本年盈余					8	0	0	0	0	0	0											
	盈余分配	未分配盈余														8	0	0	0	0	0	0	
合计					¥	8	0	0	0	0	0	0			¥	8	0	0	0	0	0	0	

附单据 张

会计主管　　记账　　稽核　　出纳　　制单 林畅

三、盈余分配

盈余分配是指农民专业合作社将当年实现的盈余加上以前年度的未分配盈余，按照合作社的盈余分配方案进行分配。盈余分配的顺序是：

- 第一，弥补以前年度的亏损。
- 第二，提取盈余公积　从当年实现的盈余中按一定的比例提取盈余公积。
- 第三，提取应付盈余返还　合作社在弥补以前年度亏损和提取盈余公积后，按成员与合作社交易量（额）的比例返还给成员。返还的比例不得低于可分配盈余的 60%。
- 第四，分配剩余盈余返还　合作社的可分配盈余扣除上述各项分配后的盈余，应按成员出资额、公积金份额、形成财产的财政补贴资金量化份额、接受捐赠财产量份额的合计，按比例计算应分配给成员的剩余盈余返还的金额。

为了反映农民专业合作社盈余的分配和结余情况，应该设置“盈余分配”账户。该账户是所有者权益类，其贷方记录从“本年盈余”转入的本年盈余和用资本公积、盈余公积弥补的亏损，借方记录从“本年盈余”转入的本年亏损和各项盈余分配的金额。“盈余分配”设置“提取盈余公积”“提取盈余返还”“提取剩余返还”“公积金转入”“盈余公积转入”和“未分配盈余”等二级明细账户，进行明细核算。年度结转完毕，只有“盈余分配—未分配盈余”明细账有期末余额。余额在贷方，表示合作社历年积累的未分配盈余，余额在借方，表示合作社未弥补的亏损。

（一）弥补以前年度亏损的核算

农民专业合作社当年实现盈余首先应弥补以前年度的亏损，不需要编制会计分录。因为以前年度亏损在“盈余分配—未分配盈余”的借方，并且年末结转本年盈余时，转入“盈余分配—未分配盈余”的贷方，直接进行了弥补，不需要再做其他的处理。

（二）提取盈余公积的核算

农民专业合作社当年实现盈余弥补以前年度的亏损后的剩余，按章程规定的比例提取盈余公积，提取时，借记“盈余分配—提取盈余公积”账户，贷记“盈余公积—公积金”账户。

【例 6-3-4】

承【例 6-3-3】，20××年末，某苹果种植合作社实现本年盈余 80 000 元。合作社章程规定，盈余公积提取比例为 10%。

◆分析 合作社按章程规定的比例提取盈余公积 8 000 元，提取时，借记“盈余分配—提取盈余公积”账户，贷记“盈余公积—公积金”账户。编制记账凭证，见证 6-3-4：

◎证 6-3-4◎

记 账 凭 证

20××年 12 月 31 日　　　　记字第 137 号

摘 要	总账科目	明细科目	借方金额										贷方金额										记账
			千	百	十	万	千	百	十	元	角	分	千	百	十	万	千	百	十	元	角	分	
提取盈余公积	盈余分配	提取盈余公积					8	0	0	0	0	0											
	盈余公积	公积金															8	0	0	0	0	0	
	合 计					¥	8	0	0	0	0	0				¥	8	0	0	0	0	0	

附单据　张

会计主管　　记账　　稽核　　出纳　　制单 林畅

按规定提取的盈余公积按出资额、交易量各占50%的比例计算每户的盈余公积份额，计入成员账户，但不需做会计分录。

（三）提取盈余返还的核算

农民专业合作社按成员交易量（额）比例提取盈余返还给时，借记“盈余分配—提取盈余返还”账户，贷记“应付盈余返还”账户。

【例6-3-5】

承【例6-3-3】，20××年末，某苹果种植合作社实现本年盈余80 000元。合作社章程规定，按提取盈余公积后的60%提取盈余返还。按成员交易量（额）比例分配给各成员。

返还金额＝(80000－8000)×60%＝43200（元）

◆**分析**　合作社按成员交易量（额）比例提取盈余返还43200元，借记“盈余分配—提取盈余返还”账户，贷记“应付盈余返还”账户。编制记账凭证，见证6-3-5：

◎证6-3-5◎

记　账　凭　证

20××年12月31日　　　　记字第138号

摘要	总账科目	明细科目	借方金额										贷方金额										记账
			千	百	十	万	千	百	十	元	角	分	千	百	十	万	千	百	十	元	角	分	
提取盈余返还	盈余分配	提取盈余返还				4	3	2	0	0	0	0											
	应付盈余返还	各成员														4	3	2	0	0	0	0	
合计					¥	4	3	2	0	0	0	0			¥	4	3	2	0	0	0	0	

附单据　张

会计主管　　　记账　　　稽核　　　出纳　　　制单　林畅

（四）分配剩余返还的核算

合作社的可分配盈余扣除上述各项分配后剩余的部分，应按成员出资额、公积金份额、形成财产的财政补贴资金量化份额、接受捐赠财产量份额的合计，按比例计算应分配给成员的剩余盈余返还的金额。

【例6-3-6】

承【例6-3-3】，20××年末，某苹果种植合作社实现本年盈余80 000元。成员大会决定，将剩余的盈余返还给成员。按成员交易量（额）比例分配给各成员。

剩余返还金额＝80000－8000－43200＝28800（元）

◆**分析**　合作社分配剩余返还 28 800 元，借记“盈余分配—提取剩余返还”账户，贷记“应付剩余盈余—各成员”账户，编制记账凭证，见证 6－3－6：

◎证 6－3－6◎

记　账　凭　证

20××年 12 月 31 日　　　　　　　　记字第 139 号

摘　要	总账科目	明细科目	借方金额										贷方金额										记账
			千	百	十	万	千	百	十	元	角	分	千	百	十	万	千	百	十	元	角	分	
分配剩余返还	盈余分配	提取剩余返还				2	8	8	0	0	0	0											
	应付剩余盈余	各成员														2	8	8	0	0	0	0	
合　计					¥	2	8	8	0	0	0	0			¥	2	8	8	0	0	0	0	

附单据　张

会计主管　　　　记账　　　　稽核　　　　出纳　　　　制单 王超

（五）“盈余分配”明细账户之间的结转

年终盈余分配完毕以后，将“盈余分配”的明细账“提取盈余公积”“提取盈余返还”“提取剩余盈余”“公积金转入”“盈余公积转入”等账户的余额，转入“未分配盈余”明细账。结转之后，年末只有“盈余分配—未分配盈余”明细账有期末余额。余额在贷方，表示合作社历年积累的未分配盈余；余额在借方，表示合作社未弥补的亏损；如果无余额表示合作社无未分配盈余。

【例 6－3－7】

承【例 6－3－3】【例 6－3－4】【例 6－3－5】和【例 6－3－6】，20××年末，某苹果种植合作社年终盈余分配完毕以后，将“盈余分配”的明细账“提取盈余公积”余额 8 000元、“提取盈余返还”余额 43 200 元、“提取剩余盈余”余额 28 800 元，转入“未分配盈余”明细账。编制记账凭证，见证 6－3－7：

◎证 6－3－7◎

记 账 凭 证

20××年 12 月 31 日　　　　　　记字第 140 号

摘要	总账科目	明细科目	借方金额										贷方金额										记账
			千	百	十	万	千	百	十	元	角	分	千	百	十	万	千	百	十	元	角	分	
转入未分配盈余	盈余分配	未分配盈余				8	0	0	0	0	0	0											
	盈余分配	提取盈余公积															8	0	0	0	0	0	
		提取盈余返还														4	3	2	0	0	0	0	
		提取剩余返还														2	8	8	0	0	0	0	
	合　计				¥	8	0	0	0	0	0	0			¥	8	0	0	0	0	0	0	

附单据　　张

会计主管　　　　记账　　　　稽核　　　　出纳　　　　制单 林畅

加油站

村集体经济组织收益和收益分配的核算

一、收益的核算

收益是村集体经济组织当年从事生产经营服务和管理活动所取得的净收入，它反映村集体经济组织一定会计期间的财务成果。

收益总额＝经营收益＋补助收入＋其他收入－其他支出

经营收益＝经营收入＋发包及上交收入＋投资收益－经营支出－管理费用

二、本年收益的核算

为了反映村集体经济组织本年收益的实现情况，应该设置“本年收益”账户。该账户是所有者权益类账户，其贷方记录期末转入的各项收入，借方记录转入的各项支出。期末余额在贷方，表示村集体本年实现的收益，期末余额在借方，表示村集体本年实现的亏损。“本年收益”不进行明细核算。

（一）期末各项收入结转的核算

会计年末结转各项收入时，借记“经营收入”“补助收入”“发包及上交收入”“其他收入”“投资收益”（原是贷方余额）账户，贷记“本年收益”账户。如果“投资收益”是借方余额，则借记“本年收益”账户，贷记“投资收益”账户。

（二）期末各项支出结转的核算

合作社在会计年末结转各项支出时，借记“本年盈余”，贷记“经营支出”“其他支出”“管理费用”账户。

（三）本年收益期末结转的核算

年度终了，“本年收益”账户的借贷之间的差额为贷方差额，则借记“本年收益”账户，贷记“收益分配—未分配收益”账户；如是借方差额，则借记“收益分配—未分配收益”账户，贷记“本年收益”账户。结转之后“本年收益”无余额。

三、收益分配

收益分配是指村集体经济组织将当年实现的收益加上以前年度的未分配收益，按照村集体的收益分配方案进行分配。分配的原则是：大部分用于生产发展，小部分用于集体福利。收益分配的顺序是：

- 第一，提取公积公益金　从当年实现的收益中按一定的比例提取，可用于发展生产、转增资本、弥补亏损，也可以用于集体福利等公共设施的建设。
- 第二，提取福利费　提取福利费主要用于集体福利、文教、卫生等事业的支出，五保户、困难户、计划生育以及农民因公伤亡的医疗费、生活补助以及抚恤金等福利方面的支出。
- 第三，外来投资分红
- 第四，农户分配　农户是村集体经济组织的主体，村集体经济组织当年实现的财务成果经上述分配之后的剩余部分，应向农户进行分配，以体现合作者的利益。
- 第五，其他分配　如以工补农等。

为了反映村集体经济组织收益的分配和结余情况，应该设置“收益分配”账户。该账户是所有者权益类账户，其贷方记录从“本年收益”转入的本年收益和用公积公益金弥补的亏损，借方记录从“本年收益”转入的本年亏损和各项收益分配的金额。“收益分配”设置“提取公积公益金”“提取福利费”“农户分配”和“未分配盈余”等二级明细账户，进行明细核算。年度结转完毕，只有“盈余分配——未分配盈余”明细账有期末余额。余额在贷方，表示合作社历年积累的未分配收益，余额在借方，表示未弥补的亏损。

（一）各项分配的核算

【例 6-3-8】

20××年末，三家子村本年实现收益 90 000 元。根据有关规定和成员代表大会批准确定如下分配方案：公积公益金提取比例为 50%，福利费 10%，农户分配 20%。

公积公益金＝90000×50%＝45000（元）

福利费＝90000×10%＝9000（元）

农户分配 = 90000 × 20% = 18000（元）

◆**分析** 该项业务借记“收益分配”账户，贷记“公积公益金”“应付福利费”“内部往来”账户。编制记账凭证，见证 6-3-8：

◎证 6-3-8◎

记 账 凭 证

20××年 12 月 31 日　　　　记字第 095 号

摘　要	总账科目	明细科目	借方金额										贷方金额										记账	附单据张
			千	百	十	万	千	百	十	元	角	分	千	百	十	万	千	百	十	元	角	分		
提取各项分配	收益分配	提取公积公益金				4	5	0	0	0	0	0												
		提取福利费					9	0	0	0	0	0												
		农户分配				1	8	0	0	0	0	0												
	公积公益金															4	5	0	0	0	0	0		
	应付福利费																9	0	0	0	0	0		
	内部往来															1	8	0	0	0	0	0		
	合　计				¥	7	2	0	0	0	0	0			¥	7	2	0	0	0	0	0		

会计主管　　记账　　稽核　　出纳　　制单 赵阳

（二）“收益分配”明细账户之间的结转

年终收益分配完毕以后，将“收益分配”的明细账“各项分配”余额，转入“未分配收益”明细账。结转之后，只有“收益分配——未分配收益”明细账有期末余额。余额在贷方，表示历年积累的未分配收益；余额在借方，表示未弥补的亏损；如果无余额表示无未分配收益。

结转之后三家子村本年“收益分配——未分配收益”账户贷方余额 18 000 元。

项目七

会计报表的编制

任务一　资产负债表的编制
任务二　盈余及盈余分配表的编制
任务三　成员权益变动表的编制

农村经济

【项目目标】

1. 学会资产负债表的编制。
2. 学会盈余及盈余分配表的编制。
3. 学会成员权益变动表的编制。

任务一　资产负债表的编制

学习目标

学会资产负债表的编制。

知识储备

会计报表是反映农民专业合作社某一特定日期财务状况和某一会计期间经营成果以及成员权益变动情况的书面报告。

农民专业合作社应编制资产负债表、盈余及盈余分配表、成员权益变动表等。

农民专业合作社应按规定和要求，及时报送资产负债表、盈余及盈余分配表、成员权益变动表。

资产负债表是反映农民专业合作社某一特定日期全部资产、负债和所有者权益状况及构成的报表。

一、资产负债表的结构

资产负债表的结构采用账户式，即分左右两方，左方为资产，右方为负债和所有者权益。其格式见表 7-1-1：

◎表 7-1-1◎

资 产 负 债 表

农会社 01 表

编制单位：　　　　年　　月　　日　　　　单位：元

资产	行次	年初数	年末数	负债及所有者权益	行次	年初数	年末数
流动资产：				流动负债：			
货币资金	1			短期借款	30		
应收款项	5			应付款项	31		
存货	6			应付工资	32		
流动资产合计	10			应付盈余返还	33		
长期资产：				应付剩余盈余	35		
对外投资	11			流动负债合计	36		
农业资产：							
牲畜（禽）资产	12			长期负债：			

（续）

资产	行次	年初数	年末数	负债及所有者权益	行次	年初数	年末数
林业资产	13			长期借款	40		
农业资产合计	15			专项应付款	41		
固定资产：				长期负债合计	42		
固定资产原值	16			负债合计	43		
减：累计折旧	17						
固定资产净值	20			所有者权益：			
固定资产清理	21			股金	44		
在建工程	22			专项基金	45		
固定资产合计	25			资本公积	46		
其他资产				盈余公积	47		
无形资产	27			未分配盈余	50		
长期资产合计	28			所有者权益合计	51		
资产总计	29			资产和所有者权益合计	54		

二、资产负债表的编写说明

（一）农民专业合作社的资产负债表年末编制

（二）“年初数”栏的填写

表中的“年初数”栏内的各项数据，应根据上年末资产负债表中的“年末数”栏内所列数据填列。如果本年度资产负债表规定的各个项目的名称和内容与上年不相一致，应对上年年末资产负债表各项目的名称和数字按照本年度的规定进行调整，填入本表“年初数”栏内。

（三）表中“年末数”栏内各项目的内容及填列方法

1.“货币资金”项目

反映合作社的库存现金和银行存款。本项目应根据“库存现金”“银行存款”年末余额合计填列。

2.“应收款项”项目

反映合作社应收未收回和暂付的各种款项。本项目应根据“应收款”“成员往来”年末借方余额合计填列。

3.“存货”项目

反映合作社年末在库、在途和加工中的各项存货的价值。本项目应根据“产品物资”“受托代销商品”“受托代购商品”“委托加工物资”“委托代销商品”“生产成本”年末余额合计填列。

4.“对外投资”项目

反映合作社各种投资的账面余额。本项目应根据“对外投资”年末余额填列。

5.“牲畜（禽）资产”项目

反映合作社购入和培植的幼畜及育肥畜和产役畜的账面余额。本项目应根据“牲畜（禽）资产”年末余额填列。

6.“林木资产”项目

反映合作社购入和营造的林木资产的账面余额。本项目应根据“林木资产”年末余额填列。

7.“固定资产原值”和“累计折旧”项目

反映合作社各种固定资产的原值和累计折旧。这两个项目应根据“固定资产原值”和“累计折旧”年末余额填列。

8.“固定资产清理”项目

反映合作社因出售、毁损、报废等原因转入清理但尚未清理完毕的固定资产的账面价值，以及固定资产清理过程中所发生的清理费用和变价收入等各项金额的差额。本项目应根据“固定资产清理”科目的期末借方余额填列。如“固定资产清理”科目期末为贷方余额，以“—”号填列。

9.“在建工程”项目

反映合作社期末各项未完工程的实际成本，本项目应根据“在建工程”账户的年末余额填列。

10.“无形资产”项目

反映合作社持有的各种无形资产的账面金额。本项目应根据“无形资产”年末余额填列。

11.“短期借款”项目

反映合作社借入尚未归还的一年期以下（含一年）的借款。本项目应根据“短期借款”账户的年末余额填列。

12.“应付款项”项目

反映合作社应付而未付以及暂收的款项。本项目应根据“应付款”和“成员往来”账户的年末贷方余额合计填列。

13.“应付工资”项目

反映合作社已经提取但尚未支付的人员工资。本项目应根据“应付工资”账户的年末余额填列。

14.“应付盈余返还”项目

反映合作社按交易量或交易额应支付但尚未支付给成员的可分配剩余返还。本项目应根据“应付盈余返还”账户的年末余额填列。

15.“应付剩余盈余”项目

反映合作社按出资额、公积金和接受国家财政直接补助和他人捐赠形成的财产平均量化到成员的的比例计算的应支付但尚未支付给成员的使用盈余。本项目应根据“应付剩余盈余”账户的年末余额填列。

16.“长期借款”项目

反映合作社借入尚未归还的、一年期以上的借款。本项目应根据“长期借款”账户的年末余额填列。

17. “专项应付款”项目

反映合作社实际收到国家财政直接补助而尚未使用和结转的专项资金总额。本项目应根据“专项应付款”账户的年末余额填列。

18. “股金”项目

反映合作社按实际收到的成员投入的股金总额。本项目应根据“股金”账户的年末余额填列。

19. “专项基金”项目

反映合作社接受国家财政直接补助转入和他人捐赠形成的专项基金总额。本项目应根据“专项基金”账户的年末余额填列。

20. “资本公积”项目

反映合作社按资本公积的账面余额。本项目应根据“资本公积”账户的年末余额填列。

21. “盈余公积”项目

反映合作社盈余公积的账面余额。本项目应根据“盈余公积”账户的年末余额填列。

22. “未分配盈余”项目

反映合作社尚未分配的盈余。本项目应根据“盈余分配——未分配盈余”账户的年末贷方余额填列。如“盈余分配——未分配盈余”账户期末为借方余额，以“－”号填列。

【例 7－1－1】

红星农民专业合作社 20××年年末会计资料如下：

1. 年初各账户的期初余额表（表 7－1－2）：

◎表 7－1－2◎

年初各账户余额表（20××年 1 月 1 日）

单位：元

会计科目	借方	贷方	会计科目	借方	贷方
库存现金	1 000		短期借款		10 000
银行存款	80 000		应付款		22 000
应收款	1 000		应付盈余返还		30 000
成员往来	3 000	2 000	应付剩余盈余		20 000
产品物资	60 000		长期借款		100 000
对外投资	26 000		股金		200 000
牲畜（禽）资产	30 000		资本公积		60 000
林业资产	200 000		盈余公积		80 000
固定资产	100 000		盈余分配		8 000
累计折旧		21 000			
在建工程	20 000				
无形资产	30 000				
生产成本	2 000				
合计	553 000	23 000			530 000

2. 本期发生额及余额试算平衡表（表 7－1－3）：

◎表 7－1－3◎

本期发生额及余额试算平衡表

单位：元

序号	科目名称	期初余额		本期发生额		期末余额	
		借方	贷方	借方	贷方	借方	贷方
1	库存现金	1 000		69 000	68 000	2 000	
2	银行存款	80 000		423 200	335 900	167 300	
3	应收款	1 000		32 000	1 500	31 500	
4	成员往来	3 000	2 000	40 000	10 000	43 000	12 000
5	产品物资	60 000		140 000	174 000	26 000	
6	委托加工物资			37 000		37 000	
7	委托代销商品			35 000	35 000		
8	受托代购商品			12 000		12 000	
9	受托代销商品			3 000	3 000		
10	对外投资	26 000		40 000		66 000	
11	牲畜（禽）资产	30 000		70 000	87 200	12 800	
12	林业资产	200 000		8 000	21 100	186 900	
13	固定资产	100 000		170 000	10 000	260 000	
14	累计折旧		21 000	1 000	10 000		30 000
15	在建工程	20 000			20 000		
16	固定资产清理			5 000	5 000		
17	无形资产	30 000			3 000	27 000	
18	短期借款		10 000		52 000		62 000
19	应付款		22 000	20 000	30 000		32 000
20	应付工资			25 000	28 600		3 600
21	应付盈余返还		30 000	30 000	60 966		60 966
22	应付剩余盈余		20 000	20 000	40 644		40 644
23	长期借款		100 000		80 000		180 000
24	专项应付款						
25	股金		200 000		40 000		240 000
26	专项基金				100 000		100 000
27	资本公积		60 000	40 000			20 000
28	盈余公积		80 000		11 290		91 290
29	盈余分配		8 000	112 900	112 900		8 000
30	本年盈余			247 000	247 000		
31	生产成本	2 000		80 000	73 000	9 000	
32	经营收入			236 000	236 000		
33	其他收入			8 000	8 000		
34	投资收益			3 000	3 000		
35	经营支出			109 100	109 100		
36	管理费用			5 000	5 000		
37	其他支出			20 000	20 000		
	合计	553 000	553 000	2 041 200	2 041 200	880 500	880 500

根据以上资料编制资产负债表，见表 7-1-4：

◎表 7-1-4◎

资产负债表

农会社 01 表

编制单位：红星农民专业合作社　　20××年 12 月 31 日　　单位：元

资产	行次	年初数	年末数	负债及所有者权益	行次	年初数	年末数
流动资产：				流动负债：			
货币资金	1	81 000	169 300	短期借款	30	10 000	62 000
应收款项	5	4 000	74 500	应付款项	31	24 000	44 000
存货	6	62 000	84 000	应付工资	32		3 600
流动资产合计	10	147 000	327 800	应付盈余返还	33	30 000	60 966
长期资产：				应付剩余盈余	35	20 000	40 644
对外投资	11	26 000	66 000	流动负债合计	36	84 000	211 210
农业资产							
牲畜（禽）资产	12	30 000	12 800	长期负债：			
林业资产	13	200 000	186 900	长期借款	40	100 000	180 000
农业资产合计	15	230 000	199 700	专项应付款	41		
固定资产				长期负债合计	42	100 000	180 000
固定资产原值	16	100 000	260 000	负债合计	43	184 000	379 210
减：累计折旧	17	21 000	30 000				
固定资产净值	20	79 000	230 000	所有者权益：			
固定资产清理	21			股金	44	200 000	240 000
在建工程	22	20 000		专项基金	45		100 000
固定资产合计	25	99 000	230 000	资本公积	46	60 000	20 000
其他资产				盈余公积	47	80 000	91 290
无形资产	27	30 000	27 000	未分配盈余	50	8 000	8 000
长期资产合计	28	385 000	522 700	所有者权益合计	51	348 000	459 290
资产总计	29	532 000	850 500	资产和所有者权益合计	54	532 000	850 500

任务二　盈余及盈余分配表的编制

学习目标

学会盈余及盈余分配表的编制。

知识储备

盈余及盈余分配表是反映农民专业合作社一定会计期间实现盈余及盈余分配的实际情况的报表。

一、盈余及盈余分配的结构

盈余及盈余分配表为多步式结构，见表 7-2-1：

◎表 7-2-1◎

盈余及盈余分配表

农会社 02 表

编制单位：　　　　年　月　　　　单位：元

项目	行次	金额	项目	行次	金额
本年盈余			盈余分配		
一、经营收入	1		四、本年盈余	16	
加：投资收益	2		加：年初未分配盈余	17	
减：经营支出	5		其他转入	18	
管理费用	6		五、可分配盈余	21	
二、经营收益	10		减：提取盈余公积	22	
加：其他收入	11		盈余返还	23	
减：其他支出	12		剩余盈余分配	24	
三、本年盈余	15		六、年末未分配盈余	28	

二、盈余及盈余分配表主要项目的内容及编写说明

（一）农民专业合作社的盈余及盈余分配表年末编制

（二）填列依据

盈余及盈余分配表各项目应按收入、费用类账户的本期发生额填列；或者应按收入、费用类账户的本期发生额编制收支明细表，然后据此编制盈余及盈余分配表。

（三）表中各项目填列方法

1.“经营收入”项目

应根据“经营收入”账户的本年发生额分析填列。

2.“投资收益”项目

应根据“投资收益”的贷方余额填列，如果是借方余额以“—”填列。

3.“经营支出”项目

应根据“经营支出”账户的本年发生额分析填列。

4.“管理费用”项目

应根据“管理费用”账户的本年发生额分析填列。

5.“其他收入”项目

应根据“其他收入”账户的本年发生额分析填列。

6.“其他支出”项目

应根据“其他支出”账户的本年发生额分析填列。

7.“本年盈余”项目

应根据“本年盈余”的本年借贷方发生额的贷方差额填列，如果是借方差额以“—”填列。

8.“年初未分配盈余”项目

应根据上年盈余及盈余分配表中的“年末未分配盈余”的数额填列。

9.“其他转入”项目

应根据实际转入的公积金数额填列。

10.“可分配盈余”项目

应根据“本年盈余”“年初未分配盈余”“其他转入”三个项目的合计数填列。

11.“提取盈余公积”项目

应根据本年实际提取的盈余公积数额填列。

12.“盈余返还”项目

应根据本年实际提取的应付盈余返还数额填列。

13.“剩余盈余分配”项目

应根据本年实际提取的剩余盈余分配数额填列。

14. “年末未分配盈余”项目

应根据“盈余分配——未分配盈余”账户的年末余额数额填列。如果是借方余额以“—”填列。

【例 7－2－1】

红星农民专业合作社 20××年年末根据【例 7－1－1】的资料填制盈余及盈余分配表，见表 7－2－2：

◎表 7－2－2◎

盈余及盈余分配表

农会社 02 表

编制单位：红星农民专业合作社　　20××年 12 月　　单位：元

项目	行次	金额	项目	行次	金额
本年盈余			盈余分配		
一、经营收入	1	236 000	四、本年盈余	16	112 900
加：投资收益	2	3 000	加：年初未分配盈余	17	8 000
减：经营支出	5	109 100	其他转入	18	
管理费用	6	5 000	五、可分配盈余	21	120 900
二、经营收益	10	124 900	减：提取盈余公积	22	11 290
加：其他收入	11	8 000	盈余返还	23	60 966
减：其他支出	12	20 000	剩余盈余分配	24	40 644
三、本年盈余	15	112 900	六、年末未分配盈余	28	8 000

任务三　成员权益变动表的编制

学习目标

学会成员权益变动表的编制。

一、成员账户权益变动表

成员账户权益变动表是反映农民专业合作社报告年度成员权益增减变动的报表。成员账户权益变动表的格式见表 7-3-1：

◎表 7-3-1◎

成员权益变动表

农会社 03 表

编制单位：红星农民专业合作社　　20××年 12 月　　单位：元

项目	股金	专项基金	资本公积	盈余公积	未分配盈余	合计
年初余额	200 000		60 000	80 000	8 000	348 000
本年增加额	40 000	100 000		11 290	101 610	252 900
	其中：	其中：	其中：	其中：		
	资本公积转增 40 000	国家财政直接补助 100 000	股金溢价	从盈余中提取 11 290		
	盈余公积转增	接受捐赠转入	资产评估增值			
	成员增加出资					
本年减少额			40 000		101 610	141 610
					其中：	
					按交易量（额）分配的盈余 60 966	
					剩余盈余分配 40 644	
年末余额	240 000	100 000	20 000	91 290	8 000	459 290

成员账户权益变动表的各项目应根据“股金”“专项基金”“专项应付款”“资本公积”“盈余公积”“盈余分配”账户的本期发生额分析填列。“未分配盈余”本年增加数是指本年实现的盈余数，亏损以“－”填列。

【例 7－3－1】

红星农民专业合作社 20××年年末根据【例 7－1－1】的资料填制成员权益变动表，见表 7－3－1。

二、成员账户

成员账户是全面反映合作社成员入社的出资额、量化到成员的公积金份额、形成资产的财政补助资金量化到成员的份额、接受他人捐赠财产量化到成员的份额、按成员与本社的交易量（额）返还给成员的可分配盈余和分配给成员的剩余盈余的账户。合作社应当为每个成员设立成员账户。其格式见表 7－3－2：

◎表 7－3－2◎

成员账户

成员姓名： 联系地址： 第 页

单位：元

编号	年		摘要	成员出资（A）	公积金份额（B）	形成财产的财政补助量化份额（C）	捐赠财产量化份额（D）	交易量（E）		交易额（F）		盈余返还金额（G）	剩余盈余分配金额（H）
	月	日						产品 1	产品 2	产品 1	产品 2		
1													
2													
3													
4													
年终合计													
				公积金总计：			盈余返还总额：						

成员账户的填列方法：

（1）年初将上年各项金额填入。本年发生的各项，按实际变化金额填列。（C）（D）（G）和（H）项目，在年度终了或合作社进行剩余盈余分配时，按实际发生情况或变化情况计算填列调整。

（2）（E）和（F）按本年实际发生额填列。

【例 7-3-2】

红星农民专业合作社 20××年有关资料如下：

1. 承接【例 7-1-1】的资料。

2. 红星农民专业合作社由王城、李进、张武和李刚出资组建，出资额分别为 100 000 元、50 000 元、30 000 元和 20 000 元，出资比例分别是 50%、25%、15%和 10%（填在成员账户的年初）。

20××年年初，四人享有的公积金份额分别是 70 000 元、35 000 元、21 000 元和 14 000元；享有的资本公积的份额分别是 30 000 元、15 000 元、9 000 元和 6 000 元；享有的盈余公积的份额分别是 40 000 元、20 000 元、12 000 元和 8 000 元（填在成员账户的年初）。

3. 20××年，资本公积转增股金 40 000 元，按投资比例分享，王城、李进、张武和李刚增加股金分别为：20 000 元、10 000 元、6 000 元和 4 000 元；同时享有的资本公积也分别减少 20 000 元、10 000 元、6 000 元和 4 000 元；国家财政直接补助的专项基金 100 000元，每名成员分别享有 25 000 元；合作社与成员的交易额总计是 100 000 元，王城、李进、张武和李刚分别为 40 000 元、20 000 元、20 000 元和 20 000 元。

资本公积转增股金 40 000 元的会计分录为：

借：资本公积　　40 000

　　贷：股金——王城　　20 000

　　　　　　——李进　　10 000

　　　　　　——张武　　6 000

　　　　　　——李刚　　4 000

20××年年末提取的盈余公积 11 290 元，各成员按投资比例分享份额，见表 7-3-3：

◎表 7-3-3◎

成员姓名	股金（元）	分配比例（%）	分配额（元）
王　城	120 000	50	5 645.00
李　进	60 000	25	2 822.50
张　武	36 000	15	1 693.50
李　刚	24 000	10	1 129.00
合　计	240 000	100	11 290

盈余分配情况如下：

(1) 应付盈余返还分配（按交易额比例分配）见表 7-3-4：

◎表 7－3－4◎

成员姓名	交易额（元）	分配比例（%）	分配额（元）
王　城	40 000	40	24 386.40
李　进	20 000	20	12 193.20
张　武	20 000	20	12 193.20
李　刚	20 000	20	12 193.20
合　计	100 000	100	60 966

（2）应付剩余盈余的分配按成员账户中记载的出资额和公积金份额，以及本社接受国家财政直接补助和他人捐赠形成财产，平均量化到本社成员的份额，按比例分配给本社社员，见表 7－3－5：

◎表 7－3－5◎

剩余盈余分配表

成员姓名	股金（元）	专项基金（元）	公积金（元）	合计（元）	比重（%）	剩余盈余分配（元）
王城	120 000	25 000	55 645	200 645	44.460 3	18 070.44
李进	60 000	25 000	27 822.5	112 822.5	25.000 0	10 161.00
张武	36 000	25 000	16 693.5	77 693.5	17.215 9	6 997.23
李刚	24 000	25 000	11 129	60 129	13.323 8	5 415.33
合计	240 000	100 000	111 290	451 290	100	40 644

根据以上资料和计算结果编制成员账户，见表 7－3－6、表 7－3－7、表 7－3－8 和表 7－3－9：

◎表 7－3－6◎

成 员 账 户

成员姓名：王城　　　　联系地址：　　　　第 1 页

单位：元

编号	年		摘要	成员出资	公积金份额	形成财产的财政补助量化份额	捐赠财产量化份额	交易额		盈余返还金额	剩余盈余分配金额
	月	日						产品 1	产品 2		
	12	1		100 000	70 000						
	12	31	转增资本	20 000	-20 000						
	12	31	专项资金			25 000					
	12	31	盈余公积		5 645.00						
	12	31	盈余和剩余					40 000		24 380.40	18 070.44
年终合计				120 000	55 645	25 000				24 386.40	18 070.44
				公积金总计：200 645				盈余返还总额：42 456.84			

◎表 7－3－7◎

成员账户

成员姓名：李进　　　　联系地址：　　　　第 2 页

单位：元

编号	年		摘要	成员出资	公积金份额	形成财产的财政补助量化份额	捐赠财产量化份额	交易额		盈余返还金额	剩余盈余分配金额
	月	日						产品 1	产品 2		
	12	1	期初	50 000	35 000						
	12	31	转增资本	10 000	-10 000						
	12	31	专项基金			25 000					
	12	31	盈余公积		2 822.50						
	12	31	盈余和剩余					20 000		12 193.20	10 161.00
年终合计				60 000	27 822.5	25 000				12 193.20	10 161.00
				公积金总计：112 822.5				盈余返还总额：22 354.2			

◎表 7－3－8◎

成员账户

成员姓名：张武　　　　联系地址：　　　　第 3 页

单位：元

编号	年		摘要	成员出资	公积金份额	形成财产的财政补助量化份额	捐赠财产量化份额	交易额		盈余返还金额	剩余盈余分配金额
	月	日						产品 1	产品 2		
	12	1	期初	30 000	21 000						
	12	31	转增资本	6 000	-6 000						
	12	31	盈余公积		1 693.50						
	12	31	专项基金			25 000					
	12	31	盈余和剩余					20 000		12 193.20	6 997.23
年终合计				36 000	16 693.5	25 000				12 193.20	6 997.23
				公积金总计：77 693.5				盈余返还总额：19 190.43			

◎表 7 - 3 - 9◎

成员账户

成员姓名：李刚　　　　　　　　　　联系地址：　　　　　　　　　　　　　　　　第 4 页

单位：元

编号	年		摘要	成员出资	公积金份额	形成财产的财政补助量化份额	捐赠财产量化份额	交易额		盈余返还金额	剩余盈余分配金额
	月	日						产品 1	产品 2		
	12	1	期初	20 000	14 000						
	12	31	转增资本	4 000	-4 000						
	12	31	盈余公积		1 129						
			专项基金			25 000					
	12	31	盈余和剩余					20 000		12 193.20	5 415.33
年终合计				24 000	11 129	25 000				12 193.20	5 415.33
				公积金总计：60 129				盈余返还总额：17 608.53			

注：如果有成员撤资，按成员账户的“出资额”和“公积金份额”合计退还。

《中华人民共和国农民专业合作社法》第十九条规定农民专业合作社成员要求退社的，应当在财务年度终了的三个月前向理事长或者理事会提出；其中，企业、事业单位或者社会团体成员退社，应当在财务年度终了的六个月前提出；章程另有规定的，从其规定。退社成员的成员资格自财务年度终了时终止。

第二十一条规定，成员资格终止的，农民专业合作社应当按照章程规定的方式和期限，退还记载在该成员账户内的出资额和公积金份额；对成员资格终止前的可分配盈余，依照本法第三十七条第二款的规定向其返还。

资格终止的成员应当按照章程规定分摊资格终止前本社的亏损及债务。

主要参考文献

百兆秀．2013．农民专业合作社会计实务［M］．北京：中国农业大学出版社．

财政部会计司编写组．2008．企业会计准则讲解［M］．北京：人民出版社．

郭玉朴．2008．农民专业合作社财务会计制度（试行）讲解［M］．北京：社会科学文献出版社．

罗青平．2012．当代农村集体经济组织会计实务教程［M］．北京：中国农业科学技术出版社．

彭小琳．2014．村集体经济组织会计［M］．北京：中国财政经济出版社．

王国生．2012．财务会计［M］．北京：中国人民大学出版社．

左晓斌．2013．农民专业合作社财务管理与会计［M］．北京：科学普及出版社．